JN069759

令和に巡る 京都 新一〇〇寺 巡礼

秋吉茂 著

清風堂書店

まえがき

旅の在り方も大きく変わる。

コロナ禍をはさんで生活様式が激変した。それとともに旅の在り方も大きく変わるものと思う。例えば京都の寺社巡りも観光バスで大勢で押しかけるスタイルではなく、おひとり様か少人数で巡りたい。ならば観光客の少ない古刹・名利を訪ねるのが良い。

そこでこの度、令和に巡る京都のお寺100を選定した。言うまでもなく素人の京都マニアが道楽で選んだのだが、巨大寺院は避けて、100箇所を巡ると京都主要地域を網羅できるようにした。おすすめが100寺あったということだ。

この本の使い方

したがって、この本を片手にお出かけいただくことを目的に書いたが、自宅にいながらでも観光気分を味わえるようにも書いた。様々な事情で京都に行けない方に特におすすめだ。

また、一読してから興味を持ったお寺だけを訪ねるのも良い。1番から100番まで順序良く回ると効率良いように並べたが、区ごとにまとめたので多少の遠回りもある。季節に合わせたり地域ごとに巡るのも良いかも知れない。

マークの見方

☆☆☆
絶対おひとり様が良い

☆☆
ご夫婦・カップルで行きたい

☆
お二人様や友人とでも楽しい

ご注意

筆者はここ数年の間に実際に訪問したが、拝観の可否を含め、拝観料や拝観時間などは確かめていただくことをお願いする。また、説明文は基本的には当該寺院のパンフレットを参考に書き、補足的に参考文献で確認するようにした。もとより素人の観光案内書であり学術的信ぴょう性については柔軟性をもってご理解いただきたい。

まえがきのおわりに

清風堂書店の長谷川桃子氏には、筆者の日々薄れる思考力と次々に繰り出す稚拙なアイデアにお付き合いいただいた。ここに深く感謝の意を表明する。

なお、コロナ禍においてただならぬ緊張感高まる家庭内において、赤字覚悟で出版することで経済的破綻リスクが高まる中、引き続き黙殺する配偶者には、恐れ入りながら感謝する（拝）。

参考文献

『京都古社寺辞典』　吉川弘文館編集部編　２０１０年　吉川弘文館
『京都・観光文化検定試験公式テキストブック』　京都商工会議所編　２０１６年　淡交社
『日本史年表』　東京学芸大学日本史研究室編　１９８４年　東京堂出版
『光格天皇　自身を後にし天下万民を先とし』　藤田覚　２０１８年　ミネルヴァ書房
『もっと知りたい京都の仏像』　村田靖子　２００７年　里文出版
『京の名墓探訪　京に生き、京に眠る』　高野澄　小川善明　２００４年　淡交社
『歴史でめぐる洛中洛外　上・中・下』　井上満郎　２０１７年　淡交社
『令和に読む「平安京の天皇たち」』　自著　２０１９年　清風堂書店
各寺社　パンフレット・説明書

目次

中京区編

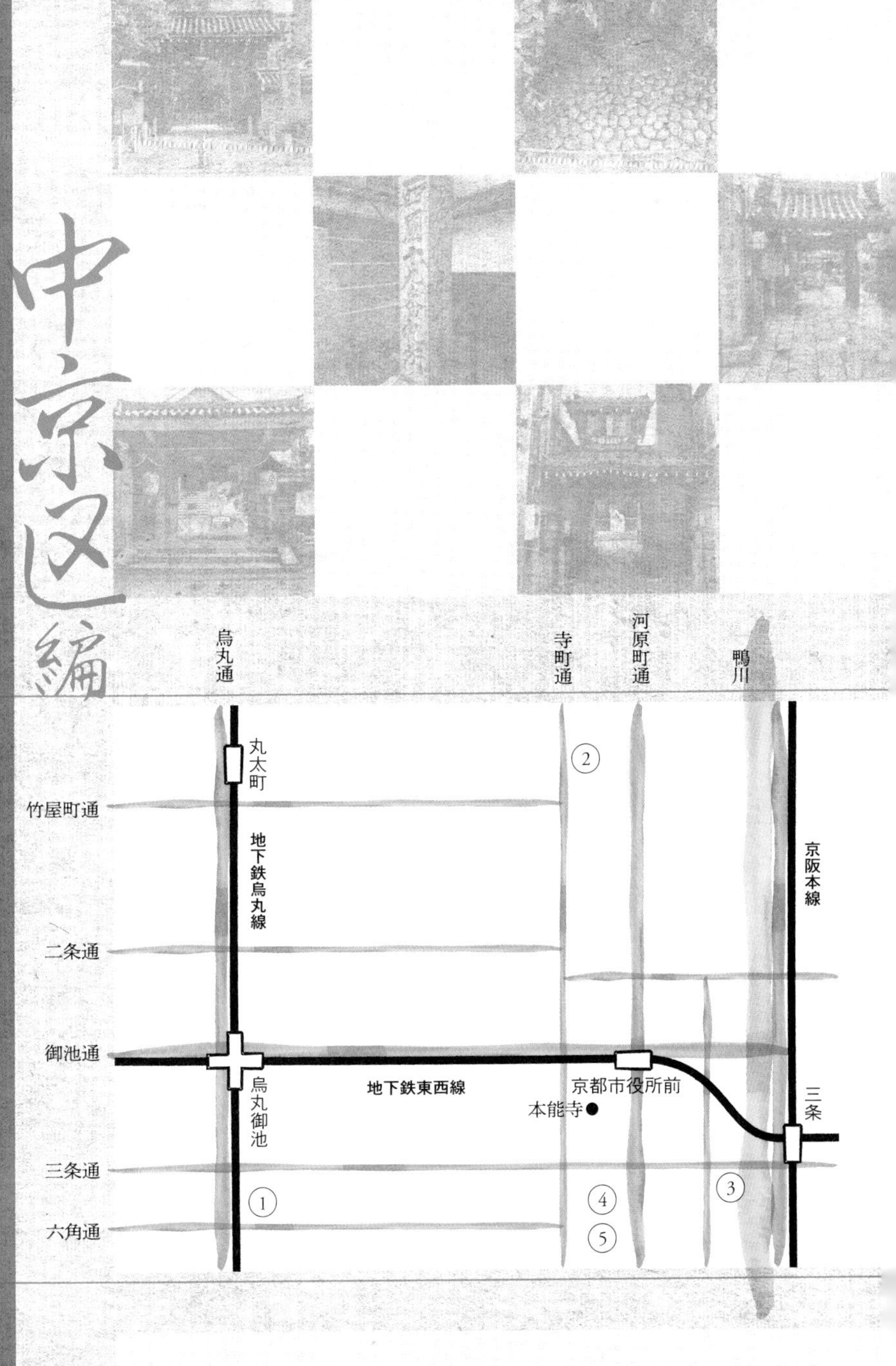
烏丸通
寺町通
河原町通
鴨川
丸太町
竹屋町通
地下鉄烏丸線
京阪本線
二条通
御池通
烏丸御池
地下鉄東西線
京都市役所前
本能寺
三条
三条通
六角通
①
②
③
④
⑤

第1番

六角堂（ろっかくどう）

京都のへそ

寺は町にとけ込んでいる

住所　京都市中京区六角通東洞院西入ル
山号　紫雲山
正式名　紫雲山頂法寺
宗派　単立（天台宗系）
開基・創建　聖徳太子
本尊　如意輪観音（秘仏）

へそ石

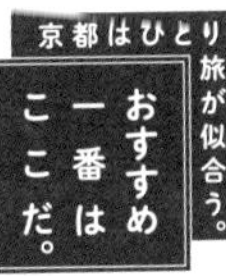

京都の不動産物件の場所を言い表す場合、「田の字」の内とか外とか表現する。碁盤目の京都市内でも東西の通りで北は丸太町通、中心の四条通、南の五条通、そして、南北の通りでは東は東山通、中心は河原町通か烏丸通、西は堀川通を結び「田の字」と呼ぶ。その内側を京都の中の京都という意味だ。その中心地が六角堂で、境内には「京都のへそ」と呼ばれる石がある。繁華街の寺町・新京極にも歩いて行けるし祇園界隈にも足を伸ばせば15分~20分で行ける。

頂法寺はその本堂が六角形なので通称六角堂と言う。創建は聖徳太子だが、親鸞聖人が比叡山から降りてここで「夢告」を得たことで有名だ。また、代々の住職が池坊を名乗り、華道の家元として今日へ継いでいる。御本尊は、如意輪観音（座像）だが、秘仏で我々はお前立を拝む。お前立は6臂の観音様だが秘仏は2臂らしい。

平安時代から行願寺（革堂）と並んで「町堂」として庶民に親しまれていた。平安京造営の時に通り道が寺のど真ん中に位置することとなり、取り壊しの危機となった時、お堂自らが北方に移動したという。現在は、聖徳太子に因み、「学業成就」の御利益を願う人で賑わう。京都のお寺巡りの旅のスタートはここ以外に考えられない。そして朝は町に響きわたる六角堂の鐘の音で目覚めたい。

第2番

革堂

こうどう

革の聖（ひじり）の創建 悲しい娘の物語

入口には西国33か所19番札所の石碑

住所 京都市中京区寺町通竹屋町上ル行願寺門前町17
山号 霊麀山（れいゆうざん）
正式名 行願寺
宗派 天台宗
開基・創建 行円
本尊 千手観音

京都はひとり旅が似合う。
おすすめ一番はここだ。

行願寺（革堂）の創建は平安時代で、創建当時は元の誓願寺近く現在の御所の西辺りにあった。革堂町や革堂辻子という地名にその痕跡を残している。他の寺院と同様に秀吉の寺町政策によって、御所東の荒神口辺りに移転し、火事により現在の寺町通竹屋町に来た。創建した行円は、以前狩猟を生業にしていた時、大きな雌鹿を射殺したところ腹から小鹿が産まれてきた。その時殺生は悪行と悟り僧籍に入る。その鹿の革を被って布教したため世間では「革の聖」と呼んだ。いつしか寺も革堂として親しまれる。

西国33か所19番、また洛陽33か所観音霊場4番札所。さらに、境内には、都七福神の寿老人も祀られる。小さな境内だが、札所が重複していて賑わう。近くには下御霊神社がある。また通りには老舗のお店が多く散策も楽しい。

ものがたり「幽霊絵馬」

革堂で有名な「幽霊絵馬」には以下の悲しい伝承が残る。寺の前の質屋に奉公していた子守の娘が、毎日寺の前で子供と遊んでいるうちにご詠歌を覚え子守歌のように歌っていた。しかしそれをこころよく思わない質屋の主人が、殴打したところ娘は命を落とした。慌てた主人は遺体を蔵に隠した。何も知らない両親が娘の消息を寺の観音様にすがってたずねたら、蔵の中から娘の幽霊が出てきて真相を語る。たちまち主人は牢獄に連れて行かれたのだ。絵馬には、「娘遺愛の鏡」が描かれている。

筆者は、観音様のお慈悲があるのならば娘の命を守って欲しかったと思う（涙）。

第3番

瑞泉寺

ずいせんじ

関白豊臣秀次一族処刑の場所

住所 京都市中京区木屋町通三条下ル石屋町114－1

山号 慈舟山

正式名 慈舟山瑞泉寺

宗派 浄土宗西山禅林寺派

開基・創建 立空桂叔・角倉了以

本尊 阿弥陀如来

繁華街だが多くの人が気づかずに通り過ぎる

前関白豊臣秀次公墓の石碑

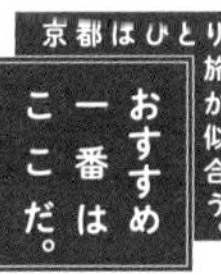

木屋町通の三条大橋の西南に瑞泉寺はある。こちらは関白豊臣秀次の供養の寺である。江戸時代初期、角倉了以（すみのくらりょうい）が高瀬川開削の折りに、地中から石碑を見つけたところ「秀次悪逆塚文禄4年…」と彫られている。秀吉は自らの子ができないことを悟ると実の姉の長男を後継者として関白の地位にまで押し上げた。しかし淀君に男子（秀頼）が誕生すると彼を追放する。幼い頃から孫七郎と呼んで可愛がった数少ない親族をここまで陥れるだろうか、遂には一族・妻妾もろとも斬首して三条河原に埋めたのだ。筆者が晩年の秀吉を好きになれないのはこのようなことからである。秀吉存命中は、世間は遠慮して「畜生塚」と呼んでいたのだが、鴨川の氾濫で崩壊した。高瀬川開削時に散らばっていた遺骨を角倉了以と僧の立空が弔った。それが瑞泉寺の始まりである。

木屋町通から山門をくぐると、狭い境内に秀次供養塔と、殉死した家臣10名と妻妾たち39名に加え秀次の幼い子供たちの供養のため「五輪の卒塔婆」も建てられている。中央の石碑の「秀次悪逆」の文字は了以によって削り取られている。叔父秀吉こそが悪逆と言いたい。ここは、太閤と称えられ現代においても英雄視される秀吉の負の遺産なのである。寺名の瑞泉寺は、秀次の法名瑞泉寺殿による。京都は英雄の影の部分もしっかり残しているのだ。

第4番

誓願寺

せいがんじ

落語の祖　安楽庵策伝の寺

住所　京都市中京区新京極三条下ル桜之町453
山号　なし
宗派　浄土宗西山深草派
開基・創建　天智天皇　勅願
本尊　阿弥陀如来

ひとり旅 オススメ度 ★★

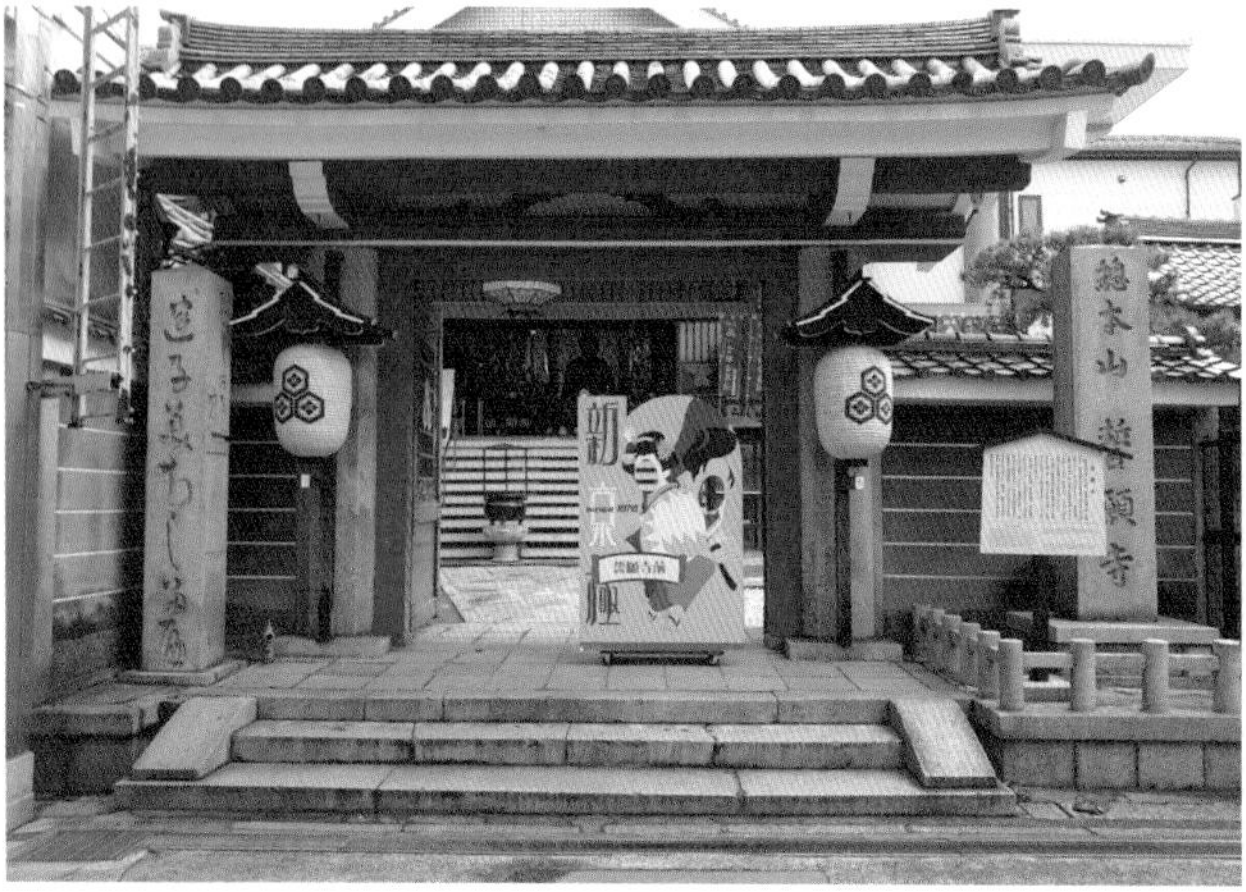

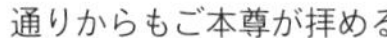

通りからもご本尊が拝める

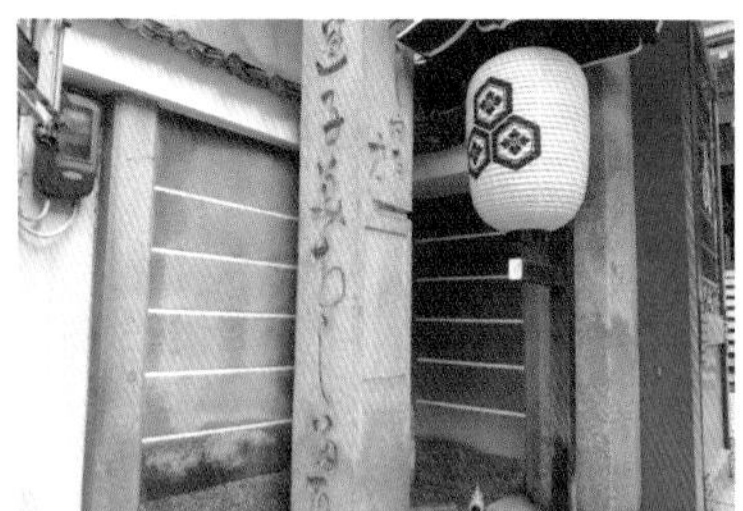

迷子みちしるべ

河原町通から三条通を西へ、「たらたら坂」を下がり新京極を南へ数分歩くと誓願寺はある。一方、上京区の西陣地区に元誓願寺通という東西の通りがある。今出川通の一筋南、東は新町通、西は七本松通間の短い通りだ。平安時代以前、天智天皇の勅願で奈良に創設されその後この地に誓願寺はあった。時代は過ぎ秀吉の寺町政策で現在の新京極に移転されるが、通り名にその歴史が残る。

門前には、迷子みちしるべという石碑が見える。携帯もメールもない時代、訪ねる人（迷子）を探すために繁華街に設けられた掲示板・伝言板だ。よくできた仕組みで、側面に探している人「たつぬるかた」、別の側面に知っている人「おしふるかた」を書いた紙を貼り探し出す。同様のものが、北野天満宮や八坂神社にもあり「月下氷人石」とか「奇縁氷人石」という。

誓願寺の本尊の阿弥陀如来坐像は、新京極通からお顔が拝める。通りがかりに手を合わせていく人も多い。また、55世の住職、安楽庵策伝は、「醒睡笑（せいすいしょう）」という笑い話を集めた書物を残し落語の祖と言われている。なお、浄土宗は、知恩院を総本山に、禅林寺永観堂の西山禅林寺派、粟生光明寺の西山浄土宗、そしてこちら西山深草派など派閥争いの歴史でもあったが、現在は争いはなく浄土宗寺院の多くが自由に本堂内にお参りができる。阿弥陀如来座像の前に座りひと時を過ごす。やはり浄土宗・浄土真宗系は何事も自由な気がする。

第5番 誠心院

せいしんいん

恋多き和泉式部のお寺

住所　京都市中京区新京極通六角下ル中筋町487
山号　華嶽山
正式名（別称）　東北寺誠心院（和泉式部寺）
宗派　真言宗泉涌寺派
開基・創建　藤原道長
本尊　阿弥陀如来

辺りは修学旅行者のメッカ

和泉式部供養塔（宝篋印塔）

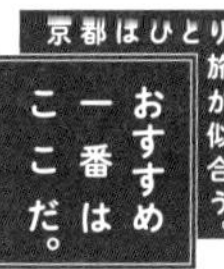

寺町通に寺院が集中しているのは、誰もが知っているように秀吉の京都政策の結果だ。したがって、この辺の寺院は要注意だ。元からここにあった寺院とそれ以前には別の場所にあった寺院とを混同してはならない。新京極と寺町の二本並列する四条から三条の間は特に注意が必要だ。例えば、「本能寺」は信長が討たれた当時は堀川四条の北東地域にあった。４番の誓願寺は元は上京にあり「元誓願寺通」という通り名にその形跡を残す。

誠心院は、新京極の六角通にある。別名「和泉式部寺」という。入り口には誰でも和泉式部になれる顔入れボードがあり、境内は自由に入れる。創建の時代は藤原道長全盛時で、道長が、娘であり一条天皇の皇后である彰子のために法成寺内の東北にお堂を建てたことに始まる（法成寺は荒神口辺りに石碑が残る）。言うまでもなく和泉式部は彰子が作った宮廷サロンに仕えていた。境内奥の墓地には、和泉式部の墓である宝篋印塔（ほうきょういんとう）がひと際高々とそびえている。もう一人の皇后定子に仕えた紫式部との不仲は有名だが、恋愛に関して赤裸々な和泉式部の歌には女性のファンが多い。筆者は源氏物語も相当なポルノ小説だと思う。修学旅行や団体さんが散策する新京極の中心地にあるので特にひとり旅の女性は通り過ぎることなく訪ねておきたい寺だ。

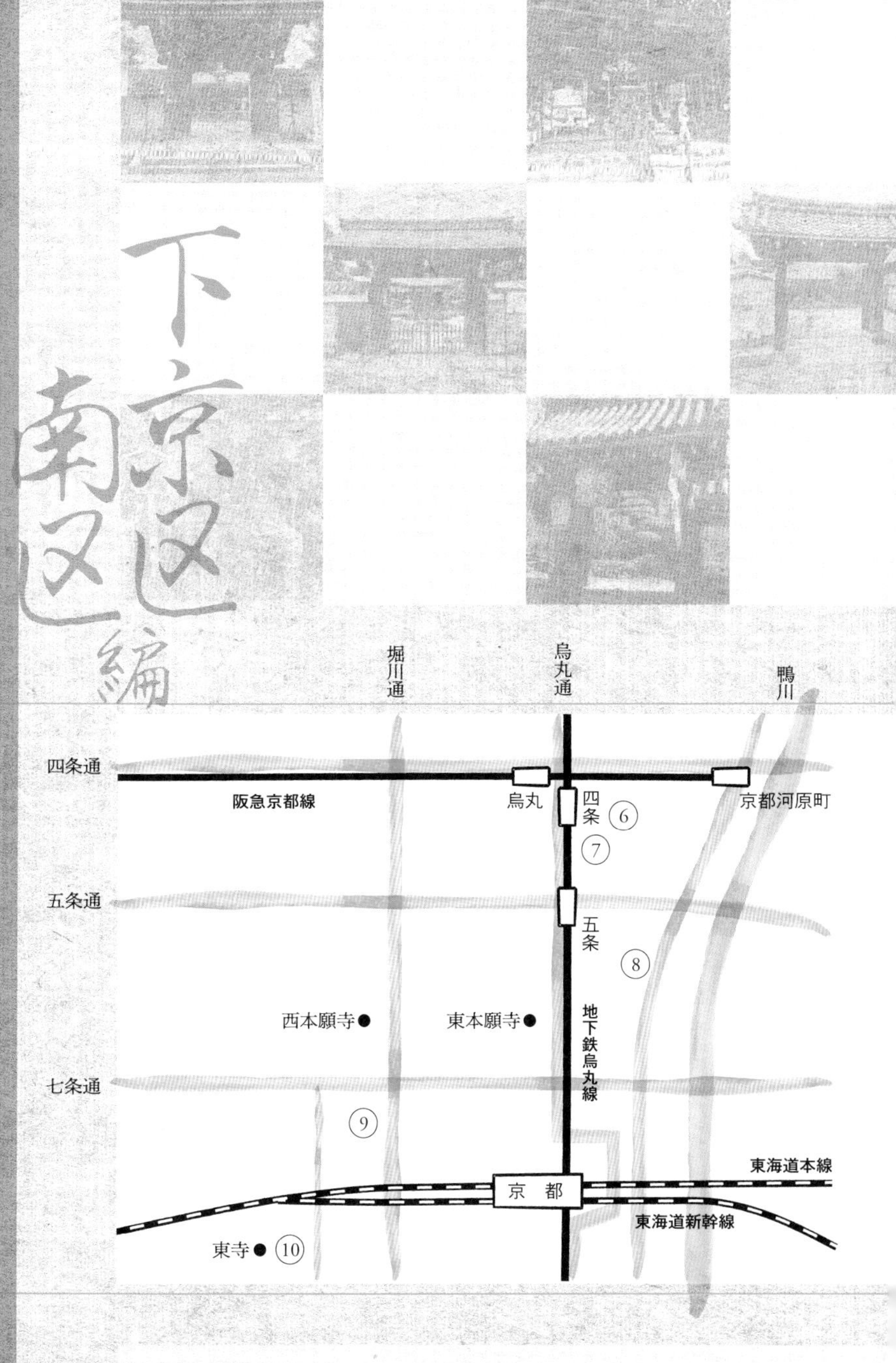
下京区
南区
編
堀川通
烏丸通
鴨川
四条通
阪急京都線
烏丸
四条
京都河原町
6
7
五条通
五条
8
西本願寺
東本願寺
地下鉄烏丸線
七条通
9
東海道本線
京都
東海道新幹線
東寺
10

第6番

佛光寺

ぶっこうじ

浄土真宗の歴史を伝える

浄土真宗の苦難の歴史を今に伝える寺

住所 京都市下京区高倉通仏光寺下ル新開町397番地
山号 渋谷山
正式名 渋谷山佛光寺
宗派 浄土真宗佛光寺派
開基・創建 親鸞　**中興** 了源
本尊 阿弥陀如来

京都はひとり旅が似合う。おすすめ一番はここだ。

最近四条通は車道を片側一車線にして歩道が広くなり歩きやすくなった。その四条通に出て高倉通を下り仏光寺通の交差点を曲がると佛光寺の山門が見えてくる。京都一番の繁華街のすぐ南、綾小路通と仏光寺通の間に浄土真宗にとって大変重要な寺があるのだ。山門は東向きで阿弥陀堂・御影堂も本願寺と同じく東向きである。伽藍配置も本願寺と同様北に阿弥陀堂、南に御影堂となっている。

創建の歴史は、浄土真宗の苦難の歴史を物語る。「承元の法難」により追放された宗祖親鸞が、1212年京都に帰り山科に一宇を始めた。その興隆正法寺が佛光寺の始まりである。時代は、後鳥羽上皇の「承久の変」前夜のことである。1320年に中興の祖である了源が、布教活動のため東山渋谷に移転する（現在の国立博物館辺り）。寺格としての佛光寺はここを始まりとする。寺名は、後醍醐天皇により「阿弥陀佛光寺」と定めたことによる。一方その同時期、親鸞の曾孫の覚如により親鸞の廟堂が本願寺として一派を形成する。そして本願寺は応仁の乱の時代になって、8世蓮如が隆盛を誇る。その流れに、佛光寺一派の経豪（後の蓮教）が、離反し蓮如に従い、山科に興正寺（興隆正法寺の流れ）を創設する。一方、佛光寺は経豪の弟を門首にし秀吉から現在の場所に再建を許された。その後現在まで代々渋谷氏と名乗る住職が法脈をつないでいる。もちろん、今は本願寺との争いはない。

このように、佛光寺は浄土真宗の内部争いと戦乱に巻き込まれ転々とした歴史であった。寺宝には、「了源上人絵系図」などを持つ。境内は東西本願寺より狭いが、拝観料は要らずゆっくりお参りができる。浄土真宗のお寺はどこでも自由でオープンである。

第7番 平等寺

六角堂・革堂と並び因幡堂とも言われる

仏様も京の都がお好き？

住所 京都市下京区松原通烏丸東入ル上ル因幡堂町728
正式名（別称） 福聚山平等寺（因幡堂）
宗派 真言宗智山派
創建 橘 行平
本尊 薬師如来

ひとり旅 オススメ度 ★

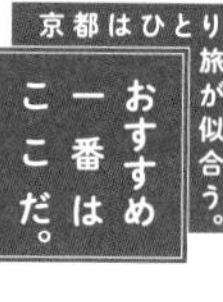

佛光寺から烏丸通に出て10分ほど南へ歩くと左手（東）に見えてくる。

創建は、平安初期の官吏橘行平で、『京都古社寺辞典』（吉川弘文館）によると、行平が因幡の国に赴任中、夢告を得て加留津（鳥取）の沖に光るものを見つける。引き上げるとインド伝来の薬師如来であったので直ちにお堂を建てる。その後、京都に戻ったら薬師如来が虚空を飛んで行平の自宅に来たため、自宅にお堂を創り祀ったという。

また、べつに広く伝わる話では、行平が因幡赴任中に重篤な病気にかかり夢でお告げがあり加留津の沖に薬師如来を見つけた。それに祈るとたちまち病気が治った。いずれ京都に戻る時にはお連れすると約束するが、自分だけ帰京すると、ある晩京の自宅に訪ねるものがいて出てみると薬師如来が、空中を飛んで来たのだという。驚き丁寧に祀ったという話だ。いずれにしても仏様にとっても京の都はそれほど良い場所なのだろう。

平等寺の名前は、その後平安後期に高倉天皇が命名した。現在は、がん封じの御利益で有名だ。善光寺の阿弥陀如来、清凉寺の釈迦如来と共に、日本3如来としても知られている。創建当時から変わらずこの場所にある。多くの寺院が移転を繰り返す中、どの古地図を見ても、六角堂と因幡薬師堂は今の場所に大きく表示されている。

因みに、烏丸通から一本東の車屋町通はここ松原以南は、「不明門通（あけずどおり）」という。ちょうど平等寺の正門に当たり、そこが常に閉ざされていたためである。例えば、五条西洞院通の五条天神宮における「天使突抜通」に似た発想の通り名である。こちらは通りが神社の中を突き抜けていたためだ。京都は地名も通り名も素朴で面白い。

第8番

長講堂

ちょうこうどう

法皇忌に賑わう

法皇忌（後白河上皇の命日）に訪ねる

住所　京都市下京区富小路通五条下ル本塩竈町
正式名　法華長講弥陀三昧堂
宗派　西山浄土宗
開基　後白河法皇
本尊　阿弥陀如来三尊像

ひとり旅 オススメ度 ★★

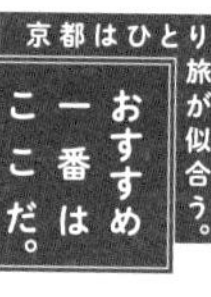

4月13日は、希代の策士家である後白河天皇（法皇）の命日である。その日を「法皇忌」という。

後白河法皇は歴史には度々登場する大物である。皇室の歴史上稀有の存在感がある。何しろ父の鳥羽天皇との確執から始まり、源義朝や平清盛などの源平の武将を手玉に取り、信念など微塵もなく皇室と自らの権力の継承だけを唯一の判断基準とした。その一方、「梁塵秘抄（りょうじんひしょう）」という今様（現代の流行歌のようなもの）の集大成を書き残してもいる。加えて神社・寺院も多く創建し神道・仏教への帰依も深かった。三十三間堂（蓮華王院）は清盛からの寄進によりできたものだが、法皇の文化・宗教活動の発信基地であった。

長講堂は、仙洞御所（上皇の御所）内の持仏堂であったものを、秀吉の時代に現在地の六条富小路に移されたもので、創建当時は相当広大な敷地であったと思われる。現在は周囲約20m四方の一般的な檀家寺の趣である。門を入ると正面に本堂、左に書院があり質素な庭園の右には後白河法皇像の安置されている御影殿となっている。普段拝観は行われず、観光寺院とは一線を画している。

法皇忌に伺うと、本堂では御本尊の阿弥陀三尊像の前に50人ほどの信者さんがいて法要読経中であった。ちょっと親戚の多いご家庭の法事といった感じで、とても後白河法皇の法要とは思えないが、むしろそれが厳かな感じがして良い。筆者は片隅から丈六の阿弥陀如来を拝む。しっかりと黄金の輝きが残っていてまぶしく見えた。創建当時のものであるが、光背は江戸時代に作り直したということで重要文化財指定だが、筆者は国宝で良いのではないかと思う。書院の奥の一段高い貴人席の背後には、後白河法皇御真影（模写）が掛けてあった。よく本で見る馴染みのお姿である。その他掛け軸や拓本された石碑の文字を表装した襖など寺宝の多さがうかがえる。

中庭は狭いが整った枯山水庭園である。因みに茶室は「亭雲」。筆者は、寺の方に「停電」と読んで顰蹙をかった（笑）。一度出て、御影殿の方へまわり手を合わせる。桃の花が一木に赤とピンクの花を同時に咲かせていた。しばし受付の和服の似合う妙齢なご婦人と談笑し短い時間だが、落ち着いた時間と空間を堪能した。最後に、そのご婦人から寺宝に「過去現在牒」というものがあるとお聞きした。法皇が生前関わった歴代天皇をはじめ、義朝・清盛など数々の人物の名が直筆にて羅列されているものらしい。その中には歴史上名もない庶民も記されていて権力の闘争に生きた法皇が死に臨み本来の優しい人格を得たのだと知れてうれしかった。周辺の佇まいも特別なものはなく一般的な住宅地にある。法皇の御陵のある法住寺（三十三間堂の東側）もそうだが巨大寺院でないところが良い。

こちらもひとりで行くことをおすすめするお寺だが、普段は門の前から拝むしかないので念のため。

第9番

粟嶋堂

あわしまどう

女人救済と人形供養のお寺

女人救済の寺

住所　京都市下京区三軒替地町124
正式名　粟嶋堂宗徳寺
宗派　西山浄土宗
開基　行阿
本尊　阿弥陀如来

蕪村の歌碑

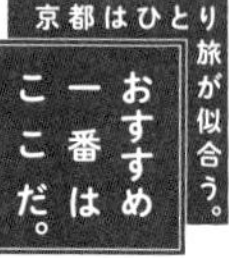

京都駅のすぐ近くリーガロイヤルホテルの裏に、粟嶋堂はある。

京都のお寺は、○○寺　○○院　○○庵　○○堂の4種類ある。院と寺は特に区別はない。寺の方が大きいような気がするが、知恩院という巨大寺院もある。庵はさすがに庵（いおり）ともいうべき小さなお寺のような気がする。堂はどうだろう。六角堂や革堂・因幡堂などの町堂のイメージがする。それぞれ頂法寺・行願寺・平等寺とちゃんと寺名がついている。しかし粟嶋堂は、宗徳寺内にある別のお堂という位置づけだ。阿弥陀如来を本尊とする西山浄土宗のお寺の境内に、粟嶋大明神を祀っている。神仏混合の時代のことで祭神は少彦名命でその本地佛である虚空蔵菩薩を安置している。

江戸時代後半、光格天皇とその后たちの度々の行幸があり、女人守護に御利益ありとされ庶民の人気を得る。安産祈願に限らず、子宮筋腫・内膜症や更年期障害など具体的な病名を挙げて効果ありとしている。また、人形供養を行うことから境内のあらゆるところに奉納された人形が安置されている。和洋様々な人形の展示は微笑ましいけれど、使い込んだ市松人形などは何か魂を持った生身の女の子に見えてぞっとする。

また、境内には、娘の病気平癒祈願に訪れた与謝蕪村が詠んだ句「粟嶋へ　はだしまゐりや　春の雨」の歌碑がある。

第10番

観智院

かんちいん

東寺の塔頭寺で学習・修行の寺

- **住所** 京都市南区九条1番地
- **寺格** 東寺塔頭
- **宗派** 真言宗別格本山
- **開基** 杲宝・後宇多天皇
- **本尊** 五大虚空蔵菩薩

宮本武蔵も修行した

庭園

京都はひとり旅が似合う。
おすすめ一番はここだ。

東寺（教王護国寺）を訪ねると、季節によっては塔頭観智院の拝観チケットとセットで売っている。しかし東寺の賑わいと比べると観智院に訪れる人が少ないのが気になる。大寺院には必ず有力な塔頭寺があり必ず訪ねておきたい。観智院は、東寺の北門から北総門に通じる櫛笥小路（くしげこじ）の東側にある。重要なのは、この櫛笥小路だ。平安京の建設当寺の痕跡を表す通りはほぼ衰退し今は存在しない。しかしこの櫛笥小路は東寺の敷地内にあったため奇跡的に創建の時代のまま残った。わずか100mほどの通り道だが、その道幅から創建当時の平安京の全体規模を計算するための貴重な遺跡である。

さて、観智院だが、室町時代初期に宋からの帰国僧杲宝（ごうほう）により創建された。東寺の勧学院として修行・学習の寺として発足し、その後は真言宗全体の勧学院になっている。見どころは、国宝の客殿とその庭園、そして宮本武蔵作の絵画だ。まず、「五大の庭」と命名された庭園は、空海が唐の長安に学僧として学んだ後に日本に帰る時、嵐に遭遇するものの五大虚空蔵菩薩に導かれ無事帰国した様子を表している。また、方丈内には宮本武蔵筆の「竹林図」「鷲図」がある。武蔵は一時期ここで剣と絵画の修行をしていたのだ。

東寺と共に必ず訪れたい。そして櫛笥通を歩き平安京の創建当時の趣きを実感してもらいたい。ひとり平安時代へタイムスリップだ。

東山区編

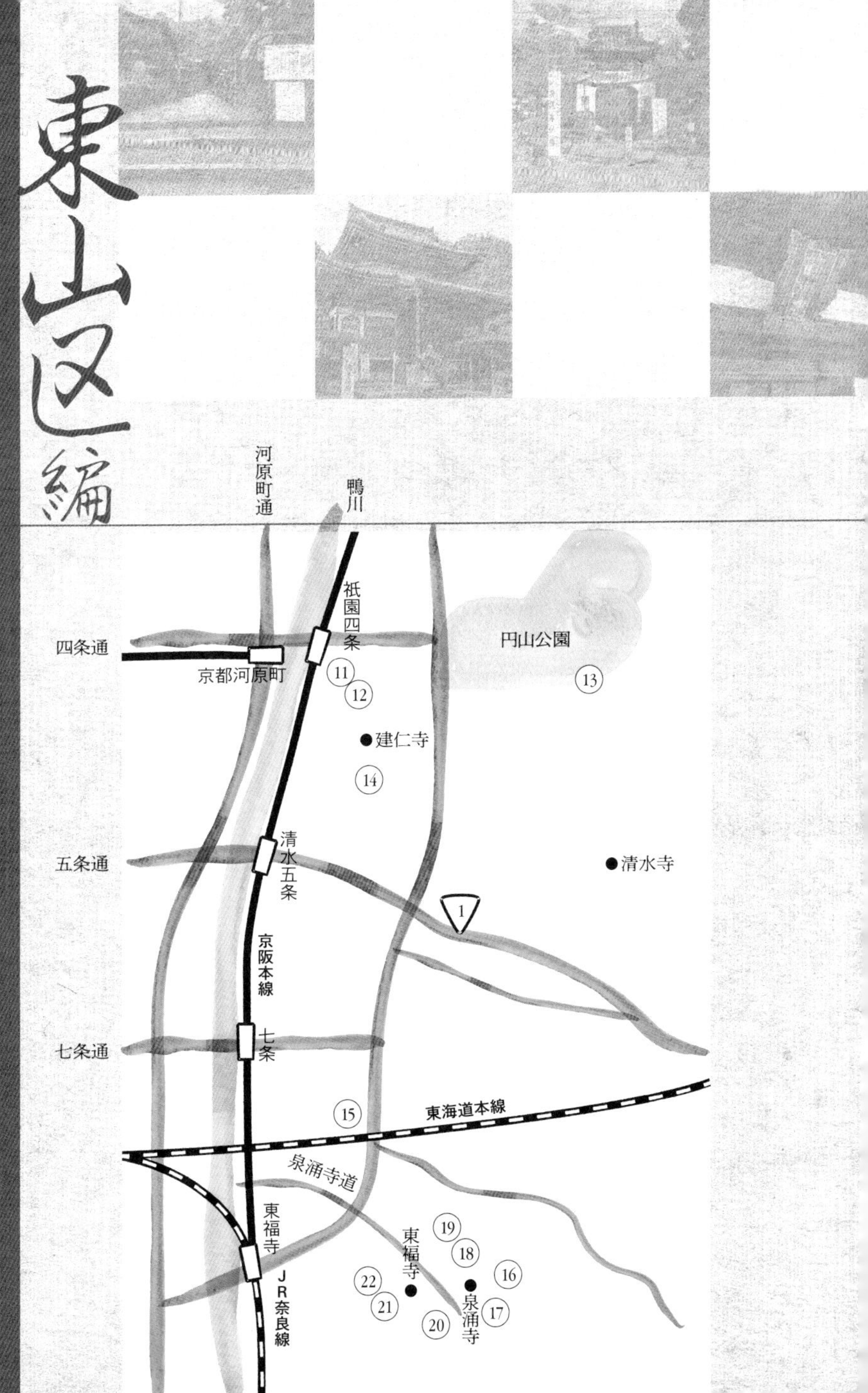

河原町通
鴨川
祇園四条
四条通
京都河原町
円山公園
11
12
13
建仁寺
14
清水五条
五条通
清水寺
1
京阪本線
七条
七条通
15
東海道本線
泉涌寺道
東福寺
19
18
16
東福寺
22
21
20
泉涌寺
17
JR奈良線

第11番

仲源寺（ちゅうげんじ）

雨（あめ）やみが目病（めや）みに

住所 京都市東山区四条通大和大路東入ル祇園町南側585

正式名 寿福山仲源寺

宗派 浄土宗

創建 伝・定朝（仏師）

本尊 千手観音座像（重要文化財）

四条通南座近くにある

奉納提灯

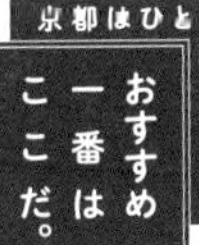

四条通河原町周辺は、京都一番の繁華街だ。東に向かい八坂の西門を目指すと途中に仲源寺はある。気づく人は少ないが、眼病に御利益があるという。

境内は狭く自由に出入りできるが、本尊の地蔵様を拝み本堂右手の定朝作千手観音坐像の前に佇むとその大きさに圧倒される。重要文化財指定だが、平安仏師定朝の作が確かなら国宝でも良いのではないか。また、頭上に奉納された提灯の多さに驚く。ほとんどが周辺のお茶屋さんか芸子・舞妓の名前である。山門の上の額には、「雨奇晴好」とあり、中国の詩で、（雨のときには奇観をなし、晴天の景色もまたよいこと）という意味である。

ものがたり「雨やみ地蔵」

仲源寺は、以下の逸話による。平安中期創建のこのお寺は、当初鴨川のすぐ近くにあった。鎌倉時代になって大雨が続き、鴨川が氾濫した時、こちらの本尊の地蔵尊に雨やみを祈願したところたちまち雨は止んだ。そこで防鴨河使（ぼうかし）が中原氏であったことから朝廷より「仲源寺」の寺名を頂いた。「あめやみ」（雨やみ）から「めやみ」（眼病み）の洒落で、眼病地蔵に転じた。京には「洒落（言葉遊び）」のお寺が多い。例えば上京区の石像寺では、八寸釘とくぎ抜きを貼りつけた絵馬が奉納される「くぎぬき」（釘抜き）と「くぬき」（苦抜き）の洒落である。

第12番

正伝永源院

しょうでんえいげんいん

祇園花見小路から一本西にある

元総理大臣の襖絵が見られる寺

住所 京都市東山区大和大路通四条下ル小松町586
寺格 建仁寺境外塔頭
宗派 臨済宗
創建 正伝院　普覚　永源庵　無涯

京都はひとり旅が似合う。おすすめ一番はここだ。

祇園花見小路を四条通から南下し建仁寺の西手前にあるのが正伝永源院。大勢の観光客で賑わう情緒あふれる通りから一筋西にひっそりと存在する。正伝院という寺と永源庵という寺の合併寺院である。何か、三井住友、三菱ＵＦＪが頭に浮かぶのは筆者だけか。本堂の中心には、右に「正伝院」左に「永源庵」と扁額が並ぶ。永源庵は、南北朝時代の建仁寺第39世の無涯が創建し守護大名の細川頼有が深く帰依した。そのため代々の細川氏との関係性が現代まで続いている。正伝院の方が古く鎌倉時代に中国僧普覚禅師が創建した。長く荒廃していたのを織田有楽斎が再興し、隠居所と茶室「如庵」が建てられた。その後、明治時代の神仏分離令での廃仏毀釈の大混乱の中、正伝院に永源庵を寄せる形で両寺院は統合した。時の細川伯爵の計らいで寺名に永源庵を残す意向で正伝永源院と決まった。

因みに、その時の混乱の中で多くの寺宝が他所に流出した。国宝茶室「如庵」も現在はレプリカである。それでも文化的遺物は多く、織田有楽斎像や細川頼有像はじめ狩野山楽の襖絵などが有名だ。中でも必見は、細川護熙作の襖絵だ。平成25年に24面の大作が奉納された。第79代内閣総理大臣は実は芸術家だったのだ。最初から芸術家で良かったのではないか。また、庭も見事で心字池を中心に紅葉などの配置が絶妙だ。ただ拝観は季節限定。京都は大寺院も良いがこのように小さくとも趣き深い寺がなお良い。

ひとりで訪ねると意外な発見があるかも知れない。

第13番

長楽寺

ちょうらくじ

建礼門院が出家した寺

住所　京都市東山区八坂鳥居前東入ル円山町626
山号　黄台山
宗派　時宗遊行派
開基　最澄
本尊　准胝観音

長楽寺の参道

建礼門院徳子の木像

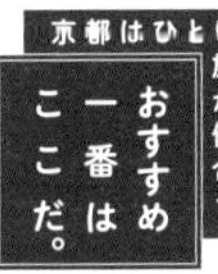

円山公園の東、東大谷のすぐ北に参道がある。東山三十六峰長楽寺山に向かってだらだらと坂道を登る。桓武天皇勅願のお寺で、伝教大師が自ら彫った准胝観音が御本尊だ。完全秘仏だが、新天皇即位時には特別に御開帳があり令和になった5月～6月には公開していた。以前は、隣の大谷祖廟の敷地まで長楽寺の境内だったらしい。

ここは建礼門院徳子の、出家のお寺で有名だ。平清盛の娘で、安徳天皇の母であるが、源氏に追われ壇ノ浦に入水するものの助けられ、出家した。その後大原「寂光院」に隠棲した。後白河院がそれを訪ねる「大原御幸」は有名な話だ。

因みに、鐘楼の鐘は、大晦日の除夜の鐘の時には、一人ずついつまでも突かせてもらえる。当然108回にこだわらない。庭は、相阿弥の作庭。また、頼山陽の墓地もある。以前大晦日に訪ねたことがあるが、その時は大勢の参拝者がいて、広い境内という印象だったが、ひとり訪ねると、こじんまりした良いお寺だった。やはり古刹はひとりが良い。

第14番

西福寺

さいふくじ

美人でも死ねばみんな醜い姿に

住所　東山区松原通大和大路東入ル二丁目轆轤町81
正式名　桂光山敬信院
宗派　浄土宗
創建　蓮性和尚
本尊　阿弥陀如来

あの世とこの世の境目

六道の辻を示す石碑

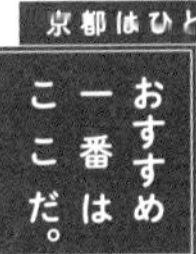

円山公園から花見小路に戻り、建仁寺の中を南に通り抜ける。京都の大きな寺院は境内が生活道路になっていることが多く、建仁寺も祇園から五条清水坂や六波羅辺りに抜けるには便利だ。京都は寺の境内も特別な存在ではなく便利ならば自転車でも通り抜けていく。

そして、六道珍皇寺近くの西福寺を訪ねる。この辺りは京の葬送の地である鳥辺野の入り口に当たるため、昔からあの世とこの世の境目とされた。六道珍皇寺には有名な平安初期の公卿小野篁「冥途通いの井戸」がある。その井戸を通じて地獄の閻魔大王にも仕えていたという。

ものがたり 西福寺の門前で今でも売られる「幽霊子育て飴」の話

その昔、ある夜、店先に飴を一つ求める妙齢の女性がやって来た。生気がなく主人は何か様子が変だと思ったが、一つ一文で売ってあげた。次の夜も一つ一文の飴を買い求めて帰った。そのように6日間続けて買って帰ったが、7日目になって代金がないので汚れているが仕立てのよさそうな羽織を差し出して飴をくださいと言う。何か事情がありそうなので飴を売ってあげた。翌朝、その羽織を洗って干しておいたところ、ある大店の主人が「あの羽織は?」と聞く。事情を話したら、お腹に子を宿しながら命を落とした自分の娘の棺桶に入れてあげた羽織だと言う。驚いて、娘の墓を掘り返したら飴をしゃぶっている赤ちゃんがいた。

そして、ここ西福寺の所在地当たりの辻が、まさにあの世との境目だ。

西福寺で有名なのは、檀林皇后「九相図」である。なんと自らの死後の様子を絵に残させたものが残っているのだ。嵯峨天皇の皇后である橘嘉智子（檀林皇后）は、絶世の美女との評判だったが仏教への帰依深く、諸行無常の教えを体現すべく「どのような美女も皮一つ隔てて血と肉の塊であり鳥や獣の餌となり腐乱し白骨化して土に還るのみ」と、自らの遺体を埋葬せず路傍に放置させて、その変化を絵にさせた。9段階の変化を「九相図」という。

以下がその9段階だ。

土の運気で生まれた赤ん坊のために、娘は死んでいながら六文銭（三途の川の渡し賃）で飴を与えていた。遂に、銭が無くなって最後に羽織をもって来たのだ。死してなおわが子を思う母の愛情の表れだと今日まで語り継がれている。

その飴を今でも売っているのがここなのだ。なお、みなとや幽霊子育飴本舗の説明では、木の葉（樒しきみ）を代金代わりにした話となっている。また、その赤ちゃんは成長し大きなお寺（立本寺か）の立派なお坊さんになったと言う。昔は水飴にして箸に巻き付けて売っていたらしいが、現在は袋入りの昔ながらの素朴な味でアキが来ないものになっている。これで赤ん坊が育つとは思えないが、麦芽糖から作られた飴なので栄養は十分ありそうだ。

①死体が腐敗によるガスの発生で内部から膨張する。
②死体の腐乱が進み皮膚が破れ壊れはじめる。
③死体の腐敗による損壊がさらに進み、溶解した脂肪・血液・体液が体外に滲みだす。
④死体自体が腐敗により溶解する。
⑤死体が青黒くなる。
⑥死体に虫がわき、鳥獣に食い荒らされる。
⑦以上の結果、死体の部位が散乱する。
⑧血肉や皮脂がなくなり骨だけになる。
⑨骨が焼かれ灰だけになる。

拝観はお盆の時などに限定される。その時にその絵は掲げられる。ぞっとすること間違いない。周辺の霊気漂う雰囲気も合わせて味わいたい。10℃くらいは確実に涼しくなる。こちらはひとりでは心細い。

このように京都には、不思議な話と共に現代に伝わる伝承やことわざが多くある。

第15番

法住寺

ほうじゅうじ

京にたくさんある身代わり不動の一つ

住所 京都市東山区三十三間堂廻り町655
別称 後白河上皇法住寺殿
宗派 天台宗
創建 藤原為光
本尊 不動明王（身代わり不動）

三十三間堂の隣

京都はひとり旅が似合う。
おすすめ一番はここだ。

西福寺から清水坂（松原通）を経て東大路を南に向けて歩く。智積院や妙法院を左に見ながら七条通まで20分〜30分かけて行くと京都国立博物館や三十三間堂が右手に見えてくる。平清盛が後白河上皇のために1000体の千手観音像を寄進したのが蓮華王院（三十三間堂）だ。片頭痛持ちであった後白河の影響で周辺に頭痛封じの寺院が多い。

さて、源平合戦の時、源頼朝挙兵の後、木曽の源義仲が京を襲う。平家を追い出す大殊勲を挙げるがその後の後白河上皇からの論功第一は、頼朝であった。ブチ切れた木曽義仲は、ここ七条の院御所を包囲した。ここで歴史に出てくるのが、法住寺である。創建は平安中期の藤原為光であるが、平安末期、この源平合戦の時に注目される。その当時の寺域に比べれば見る影もないが、今にその歴史を伝えている。本堂は自由に参詣できる。正面の本尊は不動明王像。義仲に襲われ火中から後白河上皇が逃げる際に、身代わりになったことから「身代わり不動」と呼ばれる。その大祭は11月15日護摩供養と共に盛大に行われる。狭い境内だが派手に護摩を焚く光景は必見だ。また、ぜんざいの接待などあるので筆者は毎年訪ねる。なお、その身代わり不動を直筆にて住職が描いたカレンダーが販売される。これも毎年楽しみだ。

因みに、忠臣蔵の大石内蔵助とのゆかり深く12月14日には「義士会法要」も行われる。なお、寺域東側の後白河天皇陵も、必ず合わせて訪ねておきたい。

第16番 今熊野観音寺

いまくまのかんのんじ

四国88か所巡りもできる？

頭痛・ボケ防止など頭の病気に御利益

住所 京都市東山区泉涌寺山内町32
寺格 泉涌寺塔頭
正式名 新那智山　観音寺
宗派 真言宗泉涌寺派
開基 空海
本尊 十一面観音（秘仏）

京都はひとり旅が似合う。おすすめ一番はここだ。

法住寺のあとは、蓮華王院はもちろん、北隣の血天井（69番源光庵で詳しい解説）の養源院にも立ち寄りたい。因みにその隣は赤十字血液センターだ。血天井の隣が血液センターとはよくできたものだ。東大路通に戻るとさらに南下し泉涌寺を目指す。徒歩15分から20分くらいだ。第一山門を入れば緩やかな登りカーブを歩き、今熊野観音寺を訪ねる。

開基は空海だが、嵯峨天皇の時代に藤原緒継によって伽藍が整備され「法輪寺」として完成した。本尊は、空海が熊野権現から賜った一寸八分の十一面観音像を自ら刻した一尺八寸の十一面観音像（秘仏）の胎内仏（仏像の胎内に仏像を納める）とした。白河上皇の時代になりこの辺りを紀伊国熊野に対して今熊野といわれ修験の地として栄えたため「東山観音寺」と呼ばれるようになる。さらに曾孫の後白河上皇になり新那智山の山号を授けて「今熊野観音寺」とした。同時に新熊野神社も造営された。いずれも（イマクマノ）と読むが、寺は今熊野、神社は新熊野である。

境内は参詣自由で入り口階段下には、子護大師像と呼ばれる巨大な空海像が迎えてくれる。石段を上がるとすぐに空海が自ら錫杖で掘り当てた「五智の井戸」がある。日本全国に空海が掘ったと伝わる井戸はいくつあるのだろうか。御本尊の観音様は、頭痛封じに加え同じ頭の病気であるボケにも効果があるという。思わずいつもより時間をかけて祈ることにした。

また、こちらのもう一つの特徴は四国88か所巡りを一日で巡る「お砂踏み法要」だ。大講堂の中に四国88か所のお寺から砂を集め、一か所ずつお砂踏みをしながら願いを込めて回るのだ。毎年9月21日から3日間の今熊野観音寺恒例の重要行事である。

第17番

雲龍院

うんりゅういん

本堂での写経で心を洗う

本殿の「龍華殿」

住所　京都市東山区泉涌寺山内町36
正式名　別格本山　瑠璃山雲龍院
宗派　真言宗泉涌寺派
開基　後光厳天皇
本尊　薬師如来

色紙の窓

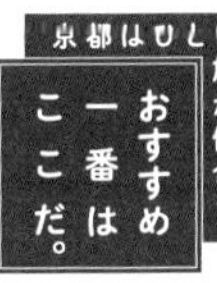

参道に戻り泉涌寺の大きな山門を左に見て、さらに東方奥に進むと雲龍院がある。筆者は知人を京都に案内する時には、必ず最初に連れて来るお気に入りの寺院だ。この雲龍院は、室町時代の北朝の後光厳天皇が開基であり南北朝統一時の後小松天皇まで北朝5代の天皇ゆかりの寺だ。

楽しみは、庭と写経だ。まず手入れの行き届いた庭園を眺めながら一服のお茶を頂く。「悟りの窓」という真ん丸の窓を通して、四季の変化を楽しむ。そして客間の一室の「色紙の窓」がこちらの最大の見どころだ。室の指定された座布団に座ると障子に四つの小さなのぞき窓、左から椿、燈籠、楓、松とそれぞれ違った景色が色紙のように楽しめる。季節によって主役が変わるのもうれしい。

また、本堂である「龍華殿」（重要文化財指定）の中での写経はぜひおすすめだ。まず、「丁字（ちょうじ）」という木の実を乾燥させた特別なものを口に含み口内を清める。次に手に塗香（ずこう）をすり込み身を清める、その高貴な香りに気分も一気に引き締まる。最後に洒水（しゃすい）（特別に祈祷された清水）を頭にかけてもらって心を清める。そこで初めて机に向かう。うっすら下書きのある半紙に朱の墨で丁寧に般若心経を書いていく。自分一人だけの龍華殿内は、完全な静寂である。仏と対峙しているとややもすれば恐怖感すら感じるが、一心に書いていると時間の経過も忘れる。完成した写経は仏前に納めて帰る。ひと時、室町時代にタイムスリップしたような高揚感を味わう。重要文化財という国宝に準じる建物をしばし独占できる。京を旅してもなかなかできない体験だ。

なお、寺宝には、土佐光信作の後円融天皇御真影、大石内蔵助の書いた「龍淵」の墨蹟など重要なものが多い。また北朝の後光厳天皇、後円融天皇、後小松天皇、称光天皇に加え、後水尾天皇以降多くの天皇の御尊碑が安置されるなど皇室との関係は格別である。

最後に、もう一度庭園を眺め、しばらく感慨に耽って帰る。床の間に次のような掛け軸がある。

「子子子子子子子子子子子子」

御存じのこの言葉遊びは、「ねこのここねこ、ししのここじし（猫の子子猫、獅子の子子獅子）」と読む。小野篁が嵯峨天皇に「私はどんな文字も読めます」と言うので、天皇が「これを読んでみよ」と言うと、たちまち読み解いたという。子は「ね」「こ」「し」と読めるという機転をきかせたのである。ゑんま様にも仕えたという小野篁の面目躍如という話だ。

京都はまだまだ奥が深い。

第18番

戒光寺

かいこうじ

後水尾天皇身代わりのお釈迦様

地元の人には、「丈六さん」と呼ばれる

住所　京都市東山区泉涌寺山内町29

寺格　泉涌寺塔頭

正式名（別称）　泉山　戒光律寺（丈六さん）

宗派　真言宗泉涌寺派

開基　浄業

本尊　釈迦如来

本堂

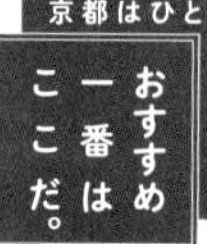

雲龍院から泉涌寺の参道に戻って、数分歩けば右手に戒光寺は見えてくる。筆者は何度も見逃してしまった。観光寺ではないので注意して訪問したい。古いガラス扉を開けると巨大な釈迦如来像が迎える。鎌倉時代に運慶・湛慶の親子が彫った丈六の像である。丈六とは仏の正確な身の丈である一尺六寸（4・85m）の仏像のことだ。当初は大宮八条にあり、一条戻り橋から三条へと転々とし後水尾天皇の発願により泉涌寺の塔頭寺として現在地に移転した。素朴な本堂で厳粛な中、圧倒的存在感の釈迦如来を拝む。この仏像は、「身代わりの丈六さん」と言われる。

訪れる人はあまりないが、歴史マニアには見逃せないお寺だ。観光気分では行けないがひとり旅ならこのような素朴なお寺にもぜひ立ち寄りたい。

ものがたり「身代わりのお釈迦様」

実はこのような話がある。後水尾天皇は政仁親王時代に、図らずも皇位継承の争いに巻き込まれていた。ある日寝室で就寝中、暗殺者に寝首を掻かれた。ところがその時、このお釈迦様が身代わりになって自らの首を切らせたという。朝になって見ると確かに、仏像の首には血痕が残っていたのだという。現在でもはっきりとその跡がうかがえる。

第19番

即成院

そくじょういん

いつでもすぐに極楽に連れてもらえるお寺

住所　京都市東山区泉涌寺山内町28
寺格　泉涌寺塔頭
正式名　光明山　即成院
宗派　真言宗泉涌寺派
開基　橘俊綱
本尊　阿弥陀如来

コロナ疫病退散

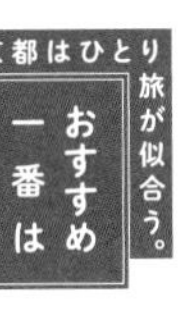

次は、戒光寺のすぐ西隣の、即成院を訪ねる。

ここは、現世極楽・来世極楽の両方を即日実現していただけるお寺である。阿弥陀様が25の菩薩を従えてあの世にお連れ下さる。**まだまだ死にたくない人は、今日ではなく後日にすべきかも知れない。**始まりは平安初期に源信（恵心僧都）が創建したともいわれるが、平安中期の藤原頼通の子で歌人の橘俊綱が創立者である。当初、「臥見堂」と記録にあり「迎接之体」が安置されていたと伝わる。その迎接之体こそが、阿弥陀如来が諸菩薩を連れて亡者を西方極楽に導く仏像群のことである。その25体のうち10体は創建当時のものでその他15体も含め重要文化財である。

注目は、その仏様たちが一年に一回、本堂から出てきて「お練り行列」をしてくれる「25菩薩お練り供養法要」という当寺最重要行事である（10月第3日曜辺りに開催）。このように仏像のかぶり物をして動く仏が庶民の前に姿を現す趣向は全国各地で行われているようで、京都府舞鶴市の松尾寺では「仏舞」という重要無形文化財に指定されている行事が有名だ。こちらは阿弥陀如来・大日如来・釈迦如来の3大如来が勢ぞろいする。

なお、当寺には平家物語の英雄那須与一の墓がある。海上遠くの平家が掲げる扇の的に見事矢を打ち抜いた武将である。現在は、的を射ることから「恋の的を射る」恋愛成就のお守りが配られる。こちらは、恋人とのおふたり様で訪ねるのも良い。

京都の寺院のお守りや絵馬はなんでも有りなのだ（笑）。

なお、令和2年のお練り供養は中止となったが、本来の趣旨からすれば観客なしでもやってほしかった。お祭りというものは疫病退散も重要な目的のはずだから。

第20番

龍吟庵

りょうぎんあん

無関普門の幼い時の過酷な運命を表す庭

住所　京都市東山区本町15丁目812
寺格　東福寺塔頭
宗派　臨済宗東福寺派
開基　無関普門
本尊　宝冠釈迦如来

龍吟庵の扁額

不離の庭

泉涌寺第一山門を出て、すぐ左に曲がると住宅地を抜ける東福寺への近道がある。慣れない方は複雑なので東大路に一旦戻り南に折れて三差路を左に道なりに歩いて東福寺へ向かう。

言うまでもなく奈良の**東**大寺と興**福**寺から一文字ずつ取って寺名を付けた臨済宗大本山だ。その第一等の塔頭龍吟庵は、寺域の東北にある。紅葉の絶景ポイントである「通天橋」のさらに東の「偃月橋（えんげつきょう）」を渡ると正面にある。東福寺3世管長無関普門の居住宅跡である。国宝の「方丈」が最大の見どころで、室町初期の現存最古の客殿建築物だ。書院造に寝殿造りの風合いをとどめる貴重なものである。そして、東西南の三方の重森三玲作の見事な庭園群も良い。特に東庭は「不離の庭」（幼い無関普門が回復の見込みがない酷い熱病にかかり、山中に捨てられた時、2頭の犬が現れて狼からの襲撃を防いだとされる姿を石組で表している）は、敷石が赤くどこの枯山水庭園とも違う趣を見せていて必見である。

拝観は紅葉の季節である11月限定で公開している。できれば雪が積もる風景なども見てみたいものである。しかし無関普門の親はむごいことをするものだ。回復不能とはいえまだ熱のある我が子を放置するとは。昔話には凡人にとっては理不尽な話が多い。

第21番

芬陀院

ふんだいん

山門

珍しい燈籠と庭を眺めるだけで癒される

住所 京都市東山区本町15丁目803
寺格 東福寺塔頭
別称 雪舟寺
宗派 臨済宗東福寺派
開基 一条経通　**開山** 定山祖禅
本尊 阿弥陀如来

茶室の丸窓

崩家型燈籠

龍吟庵のすぐ隣には、西郷隆盛ゆかりの「即宗院」という塔頭もあり、近年NHK大河ドラマのヒットから多くの人が訪れるが、今回は「日下門」を出て芬陀院に向かう。「雪舟寺」と言った方が馴染みがある。雪舟が作庭したと伝わる庭園をゆっくり見ることにする。

芬陀院は鎌倉時代末期に摂関家である一条経通が父内経のために創建したものだ。寺名は父の院号の芬陀利華院に因む。その後の戦乱や火災で荒廃していたのを、江戸時代になって書院などが整備され、庭園を雪舟が作ったとされる。しかし諸説あり残念ながら実証できていな

豆知識「屑屋？ 崩家？」

さて、この崩家型燈籠。筆者が最初に手にした京都検定公式テキスト（2007年改訂）には、「屑屋型」と紹介されていた。屑屋？とはどんな形なのか。廃品回収業を指す言葉である屑屋から連想するのはゴミ箱型なのだが、歴史ある寺院の庭園にある燈籠につけるには違和感があった。通常は手毬型とか袈裟型とか情緒・風流を感ずる名が多い。それがその後の改訂版には、「崩家型燈籠」となっている。早々、実際にその姿を見に行った。写真ではわかりにくいが、藁葺きの農家風の形の石燈籠である。よく見ると左手前部分が四角に欠けている。真四角の家の一部が崩れているのだ。苔むした石の様子がなんとも情緒がある。なるほど崩家だ。

帰りに、若い住職にうかがってみた。「以

い。現在の庭園は、昭和になって重森三玲が復元整備したものである。

また、茶室「図南亭(となんてい)」も昭和の再建だが、中に座って丸窓から眺める庭の風情が格別だ。なお、京都検定的には、「勾玉の手水鉢」と「崩家型燈籠」を覚えるのは大事なことである。難しいことはさて置いて、南庭「鶴亀の庭」を無心で眺める。京都の名園を眺めるひと時こそが至福の時なのだ。こちらはひとりで心ゆくまで時間を過ごしたい。

前、屑屋と言ってましたよね？」「そうです」「なぜですか？」「間違ってました」。何々。間違ってましたと。奥から先代の住職らしき方も出てきて、笑いながら「誰かが間違ったんじゃろう」と、あくまでも明るくおっしゃる。歴史的遺物でさえこのようなこともあるのか。肩ひじ張って真剣に見学していたが、なぜかほっとして楽しい気分になった。

京都では言い間違い、誤字や洒落などでも立派に歴史に刻まれていくこともあるのだ(笑)。

第22番

霊雲院

れいうんいん

西郷さんと美僧月照とが密会した寺

住所　京都市東山区本町15丁目801
寺格　東福寺塔頭
宗派　臨済宗東福寺派
開基　岐陽方秀

入口の山門

九山八海の庭（遺愛石）

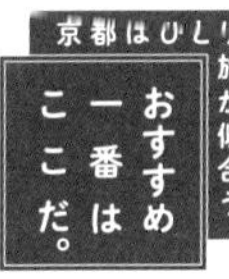

芬陀院から「臥雲橋」を北へ渡ると左に同聚院が見えてくる。夢に出てきそうな恐ろしい憤怒の形相の不動明王が有名だ。その手前を左（西）に曲がって数分歩くと見えてくるのが霊雲院だ。同名の寺が京都に複数あるので気をつけたい。開基の岐陽和尚は天龍寺、南禅寺、そして東福寺の住職を歴任した相当な高僧である。こちらも見どころは庭園の見事さである。

まず、方丈正面の「九山八海の庭」を見る。「遺愛石」という肥後熊本から寄贈された石が中心になっているのだが、寺宝とされるこの石は第7世住職が就任時、ご褒美として金品ではなく修行の妨げにならない「石」を希望したという。庭は中国の須弥山になぞらえて九つの山脈と八つの海が取り巻く仏教世界を表現したものだ。作庭は古いが、昭和になって重森三玲が復元した。また、「臥雲の庭」は現代的な発想も取り入れた斬新な枯山水庭園で、こちらも難しいことは抜きにして、無心で庭と向き合いたい。壮大な世界観を身に感じるはずだ。

なお、幕末に西郷隆盛が清水寺の勤王の僧月照と密会した寺であることでも有名。因みに、月照と西郷が密会した寺は、ここ以外に清閑寺・即宗院などいくつか伝わっているが、秘密の両者が密かに会って密かに会話するのが密会。昨今の「3密」とは無縁の時代の話だ。

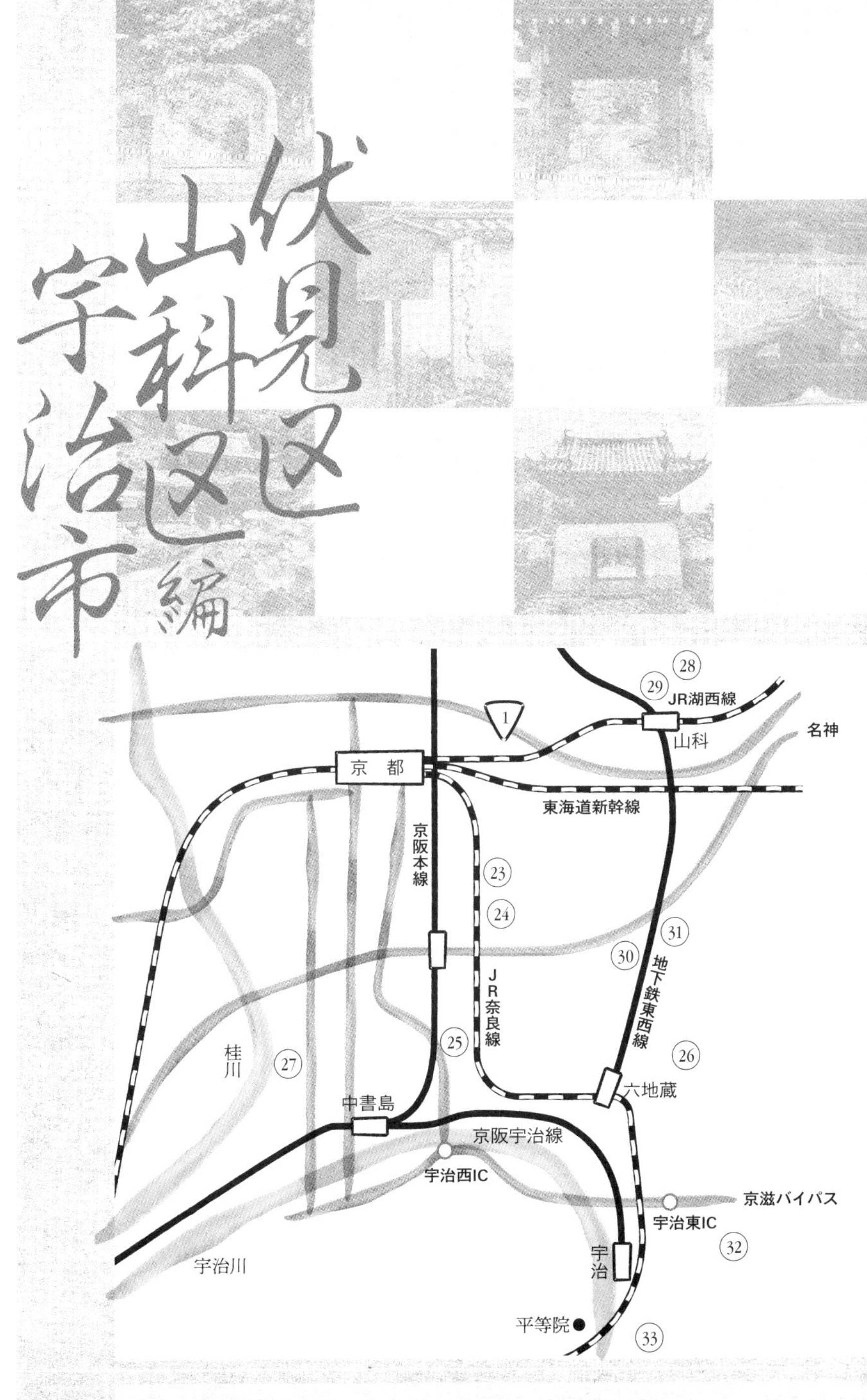
伏見区
山科区
宇治市
編
28
29
JR湖西線
1
山科
名神
京　都
東海道新幹線
京阪本線
23
24
31
30
地下鉄東西線
JR奈良線
25
桂川
27
26
六地蔵
中書島
京阪宇治線
宇治西IC
京滋バイパス
宇治東IC
32
宇治
宇治川
平等院
33

第23番

石峰寺

せきほうじ

伊藤若冲の墓のある寺

住所　京都市伏見区深草石峰寺山町26
山号　百丈山
宗派　黄檗宗
創建　千呆性侒
本尊　釈迦如来（創建時は薬師如来）

中国風の山門

伊藤家の菩提寺「宝蔵寺」（中京区）

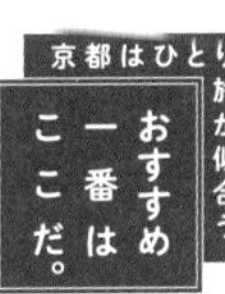

伏見方面へはJR奈良線か京阪電鉄本線を使う。石峰寺は京阪深草駅から東に数分坂を上ると唐風の山門にたどり着く。こちらは黄檗宗（おうばくしゅう）のお寺である。言うまでもなく、隠元隆琦が宇治の黄檗で創建した禅宗の一派である。仏教はそもそもインド・中国渡来の宗教だが、黄檗宗は特に中国風が強い。本山萬福寺の住職は代々中国僧が勤めていた。歴史が浅いためか京都に黄檗宗寺院は少ない。因みに、京都には永平寺の曹洞宗寺院も少なく、洛中の禅宗寺院のほとんどは建仁寺を総帥とする「臨済宗」である。石峰寺は狭い境内に鬱蒼と木々が茂る。見どころは、伊藤若冲の墓と「五百羅漢の石像」だ。数年前の真夏に訪問した時の体験をもとに書く。

受付などはないが無断で入るのも憚られるので、本堂前で佇んでいるとたまたま眼があった女性に300円の拝観料を払う。パンフレットと「地元信用金庫のうちわ」を渡される。うちわはやぶ蚊が多いので追い払うための必需品らしい。その重要性は数分後にはっきり分かる。訪れる人の少ない寺の裏山にはここぞとばかり待ち受けるやぶ蚊の集団が襲うのだ。お陰で、慌ててしまい若冲の墓地を見逃す。御本尊は釈迦如来立像、昭和の放火焼失以前までは薬師如来だった。元は五条大橋辺りに祀られていたものを開基千呆（せんがい）が、この深草の地に移したという。

さて、うちわを振りやぶ蚊を追い払いながら境内裏手の小山を登り、若冲晩年の10年をかけて1000体以上を作成したという五百羅漢を見に行く。羅漢さんは仏ではなく修行の後悟りを得た聖人だ。表情豊かな石仏は一つも同じ表情はなく見ていて飽きない。撮影禁止になっているのは、数年前に写真家グループが勝手に石像に帽子をかぶせたりロウソクを灯したりしたための処置らしい。それ以前には、地蔵菩薩を破壊するものもいたらしい。いつの時代にも無茶な奴らはいるものだ。因みに、信行寺（東山区）にある有名な若冲「花卉天井画」はこちら石峰寺で描かれたものである。

なお、見逃した若冲の墓石は、親切にも寺の女性がわざわざ案内してくれた。晩年の若冲は、ここで絵画一枚を米一斗に代えて生活していたという。帰りに改めて礼を言いに行くと、蚊に刺された無残な私の足（こんな日に限って半ズボン）を見て、キンカンの大型瓶を差し出してくれた。人情以上にキンカンが身に染みた。

なお、若冲の伊藤家の菩提寺「宝蔵寺」（写真）は、中京区の繁華街新京極の寺町にある。若冲ファンなら25番の海宝寺と合わせて三ヶ寺セットで巡るのも良い。

第24番

宝塔寺

ほうとうじ

美しい多宝塔のある寺

住所　京都市伏見区深草宝塔寺山町32
山号　深草山
宗派　日蓮宗
開山　日像
開基　藤原基経
本尊　三宝尊（釈迦如来・両界曼荼羅・日蓮・日像像）

山門からなだらかな上り坂を行く

多宝塔

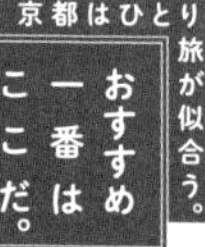

石峰寺のすぐ南、京阪深草駅とJR稲荷駅が接近している辺りに宝塔寺の山門がある。200mほど緩やかな坂を上り総門・仁王門と続く。平安初期の藤原基経が創建した時は真言宗寺院だった。その後、住職の良桂が日蓮宗に帰依し尊敬する日蓮直系の日像の廟所ということになり日蓮宗に改宗した。応仁の乱後再建され、その当時の建造物が多く残っている。寺名も、極楽寺・鶴林院そして現在の宝塔寺と変遷した。正面の本堂は、重厚で典型的な日蓮宗建築物であり、京都では最古の日蓮宗関連の遺構である。また本堂右奥（南側）の多宝塔は、当寺唯一の応仁の乱以前の1438年の建造である。多宝塔とは、上下2層の宝塔だが、本瓦葺きの上層と行基葺きの下層という変化に富んだ造りで、間の塔身部分がとても細くそれでいて2層とも屋根の反りが見事な美しいものである。この塔を見上げていると仏教建築物の歴史の重みを感じる。塔と本堂といずれも重要文化財である。

本堂の高縁から見る西方向の鳥羽方面の眺めがなかなか良い。短時間だが、浮き浮きした気分で次に向かう。

第25番

海宝寺

かいほうじ

伊藤若冲筆置きの寺

住所　京都市伏見区桃山町正宗20
山号　福聚山
宗派　黄檗宗
創建　杲堂元昶
本尊　聖観世音菩薩

海宝寺山門

本堂

伊達家屋敷跡

再び石峰寺と同じく伊藤若冲ゆかりの寺を訪ねることにする。若冲は江戸時代後期の絵師で、錦市場の青物問屋の跡継ぎに生まれながら晩年絵師としての才能を発揮した天才画家である。アメリカ人の収集家に紹介され数年前から大ブームとなり、今日では京の絵師といえば、応挙や探幽をもしのぐ評判だ。因みに最近、夜の錦市場のシャッターはあたかも若冲美術館のようになっているので店が閉まった後の錦市場も散策に値する。そして、こちら海宝寺は、若冲「筆置きの間」がある寺である。

京阪本線墨染駅から徒歩10分くらいで着く。こちらも萬福寺を本山とする禅宗の寺で、江戸時代後期の創建、桃山町正宗の地名通り仙台藩の藩祖伊達政宗の屋敷跡の場所にあり、その政宗御手植えの木もある。境内にはその説明プレートが仙台市により設置されている（前頁写真）。また、大手百貨店の大丸の創業者下村正啓がこの寺の高僧に帰依し、浄財を投じたことから大丸関係者を多く祀る「祠堂」がある。そして方丈内部の一室は、若冲晩年の傑作「群鶏図」があり（現在は国立博物館所蔵）その絵を描いて以降絵は描かなかったことから、「若冲筆置きの間」と言われる。ただ境内は自由に見られるが、方丈内は入れない。

普茶料理という黄檗宗独特の精進料理がいただけるお寺でその時は建物の中に入って食事をいただく。それには予約が必要だ。

第26番

法界寺

ほうかいじ

正月明けには珍しい「裸踊り」がある

住所 京都市伏見区日野西大道町19
正式名（別称） 東光山　法界寺（乳薬師・日野薬師）
宗派 真言宗醍醐派
開基 日野資業　最澄
本尊 薬師如来

入口には「ひのやくし」の石碑

国宝阿弥陀堂（中の阿弥陀如来像も国宝）

裸踊り

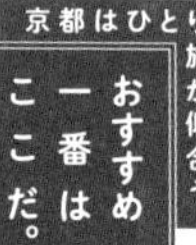

地下鉄東西線の方にまわり、石田駅で下車し20分くらい歩くと法界寺がある。この辺り「日野の里」と呼ぶ。

京都のお寺には、各地に貴重な民間伝承や行事が残っていて面白い。いくつか京都市の無形民俗文化財に指定されている。他に送り火や各地の松上げなどが有名だが、こちら法界寺は誠に素朴で単純でそれでいて歴史を感じる。

「法界寺の裸踊り」と呼ばれるその行事は、正月明けの14日に修正会の結願に合わせて行われる。極寒の中、下帯だけの男性が子供と大人に分かれて、境内の井戸水を浴びて潔斎の後、国宝の阿弥陀堂の高縁正面で体をぶつけ合う。その際「頂礼・頂礼」と叫ぶ。頂礼とは五体投地とも言われ仏に対する最高の儀礼らしい。じっとしていられないほどの寒さの中でも、間もなく彼らの体からはもうもうと湯気が立ち上る。厳粛ながらユーモラスでもあり特に子供たちの裸踊りは誠に微笑ましい。その時のふんどし（下帯）は安産の御利益があるらしい。もちろん洗濯して配るのだろうが、下帯を腹帯にするのだろうか。これも素朴で良い。京都人は何も無駄にはしないのである。

第27番

恋塚寺

こいづかでら

貞女の鑑 袈裟御前の理不尽な死を伝える

住所　京都市伏見区下鳥羽城之越町132

山号　利剣山

宗派　浄土宗

本尊　阿弥陀如来

国道近く旧街道沿いに

恋塚

京都はひとり旅が似合う。おすすめ一番はここだ。

恋塚寺は、下鳥羽の国道1号線沿いの城南宮すぐ南、旧街道にある。とても小さいお寺なのでうっかりすると見逃す。道沿いの藁ぶき風の山門の隣に駐車場があるがここは桂川の堤の上なのでここは2階で、本堂も2階になっている。階段を降りて地上部分にお寺の住居部分と袈裟御前の供養塔（宝篋印塔）などがある。貞女の鑑「袈裟御前」の話は戦前派のお年寄りには必須の訓話だ。お寺のパンフレットから下記に全文紹介する。

何と理不尽な話であろう。後世、袈裟御前と盛遠はすでに不倫関係にありその清算のため、夫渡を殺したとの俗説も飛

ものがたり「袈裟御前」

北面の武士であった遠藤盛遠は、橋の警備にあたっていた若干17歳の青春の血潮あふれる青年であった。その日見かけた同僚の渡辺渡の妻、袈裟御前に一目惚れし横恋慕する。血気盛んな盛遠にとって当代一の美女である袈裟御前を目にすれば当然のことであった。

しかし見境のない高まりにまでなった盛遠の情念は、袈裟の母衣川に談判するまでになる。やにわに刃を抜き脅迫する。母は仕方なく袈裟を呼びだすことを約束するが、婿の渡辺渡への義理との間に悩み、事実を娘袈裟に打ち明ける。「武者の手にかかるより我が娘の手にかかって死にたい」と短刀を取り出す。袈裟御前はすべてを悟り一計を案じ一旦は申し出を受ける。そして、盛遠には、「受け入れるには、その晩、濡れ髪を頼りに

び出す。筆者はその方が納得感があると思料する。

そのあたりのよもやま話をお寺の身内の方とお見受けする女性から親切にお聞きした。本堂には、御本尊の阿弥陀三尊像。その隣に、袈裟御前を真ん中に遠藤盛遠、渡辺渡の木像が仲良く？並んでいる。お寺は桂川の氾濫に度々被害に遭い現在の本堂も近年建て直したものである。地元の愛好家が書いた「遠藤武者盛遠伝」なる自費出版の本を戴いて帰った。


わが夫渡辺渡を殺し給え」と伝える。

夜、夫渡にいつもより多くの酒を飲ませつぶれた夫を寝かせる。自らは夫の寝所に髪を濡らして横になる。念願の袈裟御前が自分のモノになると心勇んで忍び込んだ盛遠は、打ち合わせ通り濡れた髪の毛に「シメタ」とばかり首掻き切った。袖にくるんで庭に出て月明かりに照らされたその首は恋しい袈裟御前その人であった。

そこで罪多い自分を恥じ出家し「文覚」と名を改める。後に源頼朝に挙兵を促す荒法師文覚はこの盛遠その人である。

第28番

毘沙門堂

びしゃもんどう

天台宗五箇室門跡寺院の一つ

住所　京都市山科区安朱稲荷山町18
正式名　護法山安國院出雲寺
山号　護法山
宗派　天台宗
開基　行基
本尊　毘沙門天

長い坂道を上る

境内の風景

皇室との関係が深い

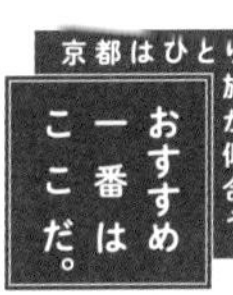

山科方面にも訪ねたいお寺は多い。東海道本線山科駅から東側の道を線路をまたぎ北方向に上り坂を15分ほど歩く。1kmほどだが上り坂が徐々に急になるので足にはこたえる。

こちら毘沙門堂は、天台宗五箇室門跡寺院の一つだが、もとは相国寺の北にあった出雲寺に、平氏ゆかりの平等寺・尊重寺・護法寺の3寺院が合併したものである。平等寺は太秦に、尊重寺は上京五辻に、護法寺は伏見にあった。出雲寺は奈良時代の行基の開基によるもので、現在の上京区の上御霊神社の辺りにあった。「出雲路」という地名にその痕跡が残る。その後、応仁の戦乱で焼失し江戸時代になり幕府より山科安祥寺の寺域を賜ったものである。なお、後西天皇皇子、公弁法親王がここで受戒し門跡寺院となってから、毘沙門堂と言うようになった。

毘沙門天は秘仏であるが、本堂は唐破風の門など朱色が目立つ全体に派手で京都の門跡寺院には珍しい佇まいである。近年修復され一層見事な色彩になっている。境内は自由に散策できるが、入館料を払えば「晩翠園」という名園や、寝殿の狩野益信の作の特殊技法による襖絵などが見学できる。いつでもゆっくり見られるが、桜・紅葉の季節が特に良い。

第29番

安祥寺

あんしょうじ

大師堂

上安祥寺・下安祥寺に分かれて発足した

住所　京都市山科区御陵平林町22
山号　吉祥山
別称　高野堂
宗派　高野山真言宗
開基　藤原順子・恵運
本尊　十一面観音

京都はひとり旅が似合う。
おすすめ一番はここだ。

安祥寺は毘沙門堂の隣にある。前述の通り毘沙門堂は元々この地にあった安祥寺の敷地を一部譲られたものである。ここは普段公開していないので、日をかえて令和元年の特別拝観の日にうかがった。山科駅の西側の参道斜面を登り山門に至る。

このお寺は、醍醐寺の上醍醐・下醍醐と同

様に上安祥寺・下安祥寺に分かれて発足した。筆者は上醍醐にも登ったが女性のハイヒールでは行けない山道だ。安祥寺も山岳修行の場としての上寺の方が広大な敷地と伽藍を有し大いに栄えていた。創建は平安初期、文徳天皇母の藤原順子（じゅんし）の発願によるものとなっているが、すでに上寺が存在していたので順子によって下寺が建立されたと考えられる。もちろん上寺・下寺とは後日言われることになるのだが、平安後期には早くも荒廃し応仁の乱で焼失し完全に廃寺となった。江戸時代になって残った宝物をもとに再建するが、上寺は再建されず幕府の命令により寺領の多くを毘沙門堂に譲った。明治初期までは多宝塔があったが火事で焼け、現在は、本堂・地蔵堂・大師堂のみで建造物を囲む境内は残念ながら整備されていず往年の勢いは感じない。

ただ、解説によると焼けた多宝塔内にあった木像五智如来像（現在は京都国立博物館所蔵）は安祥寺創建時の作品で近年国宝指定となっている。また東寺の塔頭観智院所蔵の五大虚空蔵菩薩像は元は安祥寺にあったもので唐からの招来仏であることを今回聞いた。このように安祥寺は現在の佇まいからは想像できないが、歴史上大変重要な寺院であったのだ。普段は非公開で、今回拝見できた本尊十一面観音立像も初めての公開だった。

拝観は事前に調べてからにする必要がある。

第30番

勧修寺

かじゅうじ

反対側には高速道路が

昔、朝廷に氷を献上していた

住所 京都市山科区勧修寺仁王堂町27−6
正式名（別称） 亀甲山　勧修寺（山階門跡）
宗派 真言宗山階派
開基 醍醐天皇・承俊
本尊 千手観音

京都はひとり旅が似合う。おすすめ一番はここだ。

次は、地下鉄東西線の小野駅から5分ほどの勧修寺を目指す。名神高速道路の高架に接するように建っている。寺は「かじゅうじ」と読む。因みに、近辺の地名では「かんしゅうじ」と読むようだ。創建は醍醐天皇だが、天皇生母の藤原胤子追善のお寺である。

通常は、庭園のみの拝観で方丈内は見られ

ないが、醍醐天皇等身大の千手観音像が御本尊である。庭には、水戸光圀（黄門様）寄贈の勧修寺型燈籠がある。広大な「氷室の池」には蓮や杜若など季節の花が咲く。平安の昔には、冬に氷が張ってそれを保管し切り出して朝廷に献上したというが、現在はとても切り出すほどにはならない。因みにその氷の厚さで当年の作柄を占ったと伝わる。国宝の有名な「刺繍釈迦如来説法図」は、現在奈良の国立博物館の所蔵。また、庭園内の2層の雄大な観音堂は「大斐閣」といい、屋根の中央に鳳を頂く宝冠造りの立派なものだ。

ものがたり「藤原胤子 誕生秘話」

今昔物語集には以下の話が伝わっている。平安時代初期、藤原北家の高藤が鷹狩りに出かけた折りに、この辺りの豪族宮道弥益（みやじいやます）の邸宅に雨宿りのために泊まり、その娘列子と一夜の契りを結ぶ。帰宅すると高藤の父は怒って鷹狩りに出ることを禁ずる。その後二人は音信不通であったが、6年後再会するとそこに6歳の女の子がいた。一夜の契りで宿った子であった。この娘が、宇多天皇の女御となり醍醐天皇の生母となった藤原胤子である。まさに高藤の強い胤（子種）のお陰だ。高貴な方の生母や后になった素性の不明な子女には、このような逸話が多い。でも、一夜で簡単に体を許すような女で良いのだろうか。古代の貞操観念は現代とはかなり違うようだ。古代に生まれたかったという男性は多いのではないか（笑）。

第31番

隋心院

ずいしんいん

深草少将百夜通いに因んで行われる「はねず踊り」が有名

住所　京都市山科区小野御霊町35
正式名　牛皮山　隋心院　小野門跡
宗派　真言宗善通寺派
開基　仁海
本尊　如意輪観音

小野梅園の向こうに薬医門

小町化粧の井戸

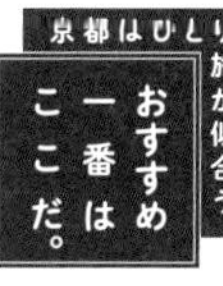

勧修寺から地下鉄東西線の小野駅をはさんで反対側に徒歩10分ほどで、隋心院はある。いずれも真言宗のお寺だが宗派が違う。空海が日本に持ち込んだ密教を東密、最澄が広めた密教を台密と言うが、日本の鎌倉新興宗教（時宗、浄土宗、法華宗、浄土真宗など）は、いずれも台密の拠点である比叡山で修行した高僧を宗祖としている。一方、隋心院などの東密は、現在、東寺・勧修寺・泉涌寺、そして隋心院が独立した宗派となっている。

さて、この辺りは古来より小野氏の根拠地であり、こちらは小野小町ゆかりの寺である。創建は空海の8代の後の弟子仁海である。仁海が、亡き母が牛に生まれ変わっていることを知り、牛の革に両界曼荼羅図を描いたことから、山号を牛皮山とした。山門を入ると広大な小野梅園が広がる。総門を入ると庫裏の入り口には、小野小町を描いた屏風が迎えてくれる。

本堂では、本尊の如意輪観音像を中心に快慶作の金剛薩埵菩薩像や定朝作と伝わる阿弥陀如来坐像など貴重な仏像たちが迎えてくれる。

境内周辺には、小町が使った「化粧井戸」や、多くの恋文を埋めた「文塚」がある。なお、深草少将百夜通いに因んで行われる「はねず踊り」は、3月25日前後に薬医門前で行われる。

第32番

三室戸寺

みむろとじ

室町幕府が事実上滅亡した戦いの場所

住所　宇治市菟道滋賀谷21
山号　明星山
宗派　本山修験宗別格本山
開基　光仁天皇
本尊　千手観音（秘仏）

西国33か所霊場10番札所

蓮の花咲く境内

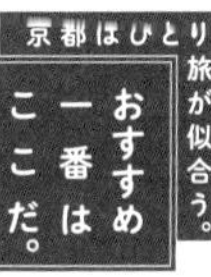

さらに南に向かうと宇治市に入る。京阪宇治線三室戸駅かJR宇治駅から徒歩10分以上歩くので、宇治・山城方面は車やタクシーの移動が便利だ。こちらも寺名と地名が異なる。駅は（みむろど）、寺は（みむろとじ）と読む。

三室戸寺の参道は長い上り坂で足に負担を感じながら歩く。すると蓮の花咲く庭園の向こうに広大な本堂が見えてくる。三室は御室であり光仁天皇（桓武天皇父）勅願のお寺である。御本尊は千手観音でその胎内に蓮の花が転じてできたと伝わる小さな観音像を納めている。完全秘仏なのでお前立を拝む。お前立は2臂だが千手観音像と呼ばれる。本尊は秘仏のため文化財指定は受けていない。京都にはこのように秘仏のため文化庁の査察を拒んだためか、その結果国宝級でもその指定を受けていない仏像は多いと思う。また、阿弥陀堂は親鸞聖人の父日野有範の墓跡に建てられたもので阿弥陀三尊像の脇侍は三千院同様「大和座り」している。大和座りとは、正座でやや腰を浮かしているもので、衆生の願いにすぐ対応するためだと解釈されている。こちらは重要文化財である。

参詣後は、「与楽園」という池泉回遊式庭園をゆっくり巡ることにする。季節ごとにシャクナゲ、アジサイ、蓮、そして秋は紅葉も鑑賞できる。蓮の季節には「ハス酒を楽しむ会」が催される。その日は、蓮の葉に酒を注ぎ茎から飲むのである。酔いが早い気がする。

さて、この寺は室町幕府滅亡につながる有名な合戦の地でもある。織田信長に導かれ上洛を果たした足利義昭が裏切って、幕府復権を狙って仕掛けた合戦である。二条城で宣戦布告した時は、８０００以上の兵力を持ち侮れない存在であったが、ここ三室戸寺のある槇島の地に逃げてきた時は圧倒的な信長軍団の前に降伏せざるを得なかった。その後瀬戸の鞆の浦に落ち延びるが、事実上この地（三室戸寺）で幕府は滅亡したのだ。

因みに、本堂前には「貴乃花・若乃花の運勝手形」がある。残念ながらその後のお二人を見ていると御利益は限定的と言わざるを得ない。三室戸寺はやはり庭園が見どころの名刹である。たっぷり時間がある時に再び伺いたい。

第33番

興聖寺

こうしょうじ

京都には少ない曹洞宗寺院、琴坂が絶景

住所　宇治市宇治山田27
山号　仏徳山
宗派　曹洞宗
開基　道元
中興　永井尚政
本尊　釈迦三尊像

門の向こうに琴坂

大黒天

興聖寺は宇治橋東詰から「さわらびの道」を南下し数百m歩くと左に総門が見えてくる。北方にまっすぐ伸びる参道は、「琴坂」と呼ばれ宇治12景に選ばれている。一点透視の見事な絶景である。京都には数少ない曹洞宗の寺で、道元は最初にこの興聖寺を創建したが、比叡山からの弾圧が強く越前永平寺にのがれた。

一方、臨済宗は時の政権とうまく折り合いをつけ、特に鎌倉将軍家・執権北条家との関係がよく京都五山・鎌倉五山など設定し栄えた。夢窓疎石や金地院崇伝などいずれも臨済宗の高僧である。結果、京の曹洞宗の寺院は少ない。「そうどうしゅう」ではなく「そうとうしゅう」と読む。座禅の作法もちょっと異なり、壁に向かって座禅する。悟りを得るために座禅する臨済宗に対して、ただ座禅を楽しむのが曹洞宗なのだそうだ。事前予約すれば毎週一般人に座禅道場を解放している。

さて、興聖寺は江戸時代になり400年の断絶を経て、5世の住職を招き再興したのが武将永井尚政で、その後も代々永井家が援助してきた。この場所は地下水が良く最古の茶園と伝わる「朝日茶園」の地であり、今でも境内後ろの朝日山からの湧水が貯められ活用されている。特徴ある山門をくぐると、庫裏がありそこに受付がある。奥の方は炊事場が見え僧たちの生活の場所と分かる。拝観料を納めてまず、まっすぐ奥に行くと大書院があり江戸時代の女帝明正天皇の御幸があった場所で、自由に立ち入りができる。本堂である法堂には、本尊の釈迦如来三尊像が祀られる。さらに奥の祠堂殿には永井家の歴代当主の位牌が安置され、聖観音像が見守る。この観音様は、左足の親指が持ち上がっていて、すぐにでも信者を救いに行けるように準備しておられる。開山堂は道元はじめ寺の高僧たちの木像が安置された中国風のお堂である。中庭の西は僧堂で座禅する道場だ。凛とした空気の漂う空間は普段は無人なのだが、何か修行僧の息遣いが漂う気がする。途中の渡り廊下には御利益抜群と評判の正面は大黒天だが、右面に毘沙門天、左面に弁才天の3つの顔をもつ三面の大黒天（写真）があった。いずれの場所も撮影可能でオープンなお寺であった。

見学後、受付の尼僧からいろいろお話を伺った。座禅のこと、臨済宗との違いなどなど、途中何度も「そうどう宗」と発音しその都度注意された。なお、興正寺という同じ発音の寺があるが、こちらは浄土真宗の寺である。京都には同名寺院や同発音の寺院が多く注意が必要である。

帰る時には、琴坂を下りながら左右から迫るもみじの枯れ枝を眺め、紅葉時に再び訪ねようと決心した（訪問したのは2月の極寒の時）。

南山城 木津編

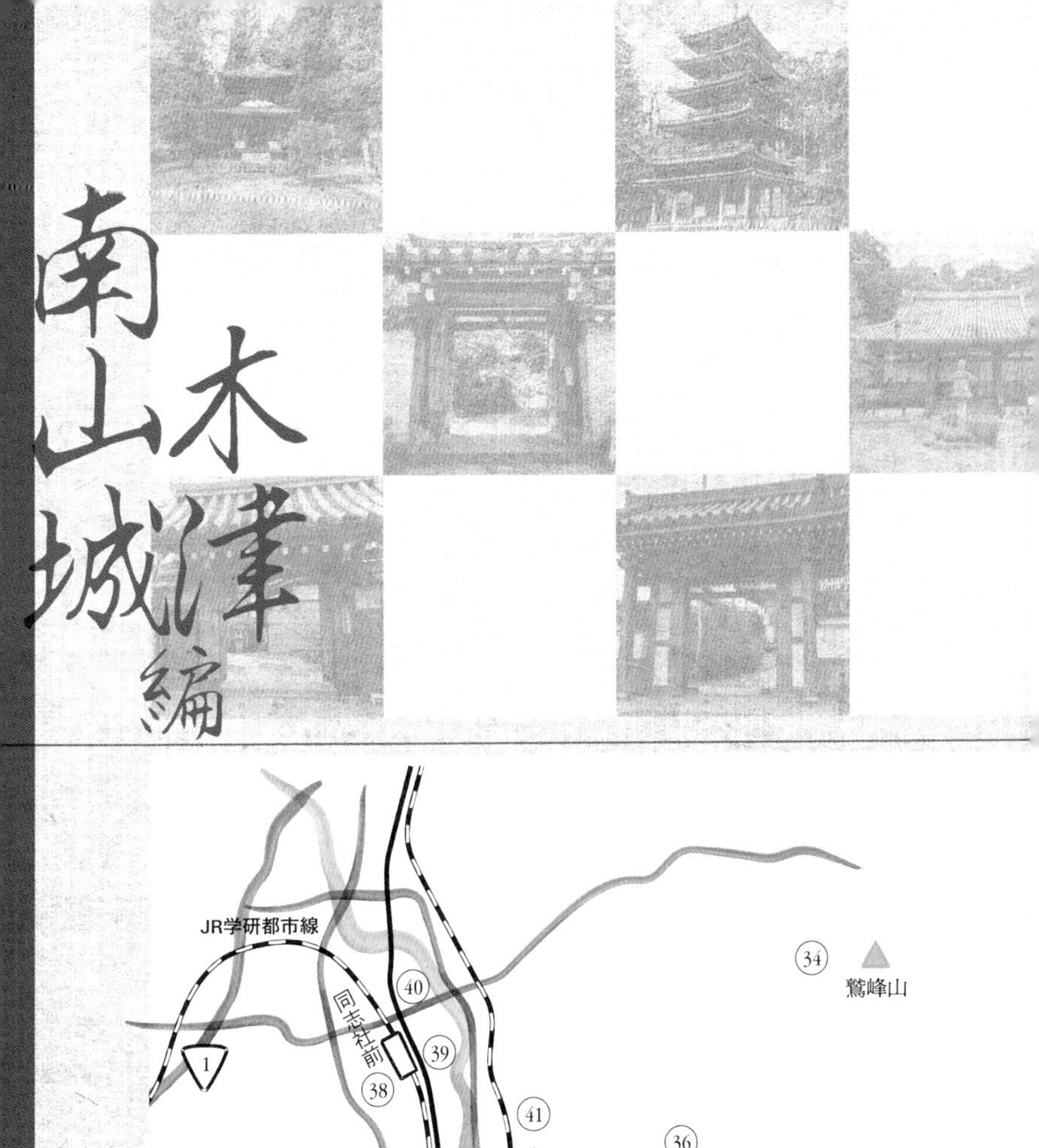
JR学研都市線
同志社前
鷲峰山
JR奈良線
木津川
笠置
木津
近鉄京都線
大和西大寺
1
34
35
36
37
38
39
40
41

第34番

金胎寺

こんたいじ

厳しい修行の場

住所　相楽郡和束町原山
山号　鷲峰山
別称　北大峰山
宗派　真言宗醍醐派
開基　天武天皇・役小角
本尊　弥勒菩薩

史蹟　金胎寺

多宝塔

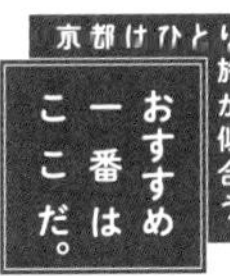

一気に南山城地域まで足を伸ばす。JR加茂駅から奈良交通バスで「原山駅」へ、そこから徒歩1時間かかる。自動車でも途中の林道は狭く、車ですれ違うことは困難となっている。それでも、近くまで自家用車で行くことをお勧めする。南山城地域には歴史ある名刹が多いのでぜひ訪ねておきたい。

金胎寺は天武天皇の時代の創建と伝わる。奈良大峰山と並ぶ修行の地として発展した。別名北大峰とも言われる。周辺は巨岩・奇岩が多く分布し修行には適していたのだろう。歴史的には、倒幕の旗を挙げた後醍醐天皇が、都を捨てて笠置山に落ち延びる時に立ち寄ったことで太平記では有名だ。

初冬のある日、車で出かけた。急な山の斜面を登り10分ほど歩く。境内に人気はなく近年の台風などの大雨や気候変動の影響か周辺の森林は荒れ放題だった。本堂・多宝塔と巡る。特に多宝塔は鎌倉時代（1298年）伏見天皇の勅願により建てられたもので大変貴重なものだ。着色は完全に色落ちしているが凛とした姿は往時をしのばせる。周辺の行場巡りのコースがあったが、一周2時間と聞いて次回にすることにした。

ここはあくまでも覚悟を決めた者たちの修行の場所なのだ。このシリーズ一番の難所である。

第35番

笠置寺

かさぎでら

巨大摩崖仏の拓本を大阪万博で見られるかも

住所　相楽郡笠置町笠置山29
山号　鹿鷺山
宗派　真言宗智山派
開基　天武天皇（大海人皇子）
本尊　弥勒摩崖仏

山門入口

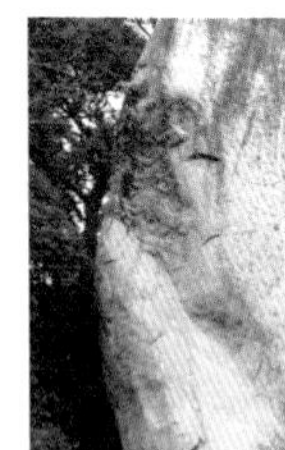
本尊は摩崖仏

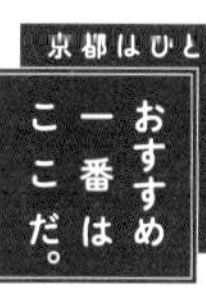

修行の寺が続く。金胎寺から車がすれ違うのも困難な狭い道を30分ほど山を下り、木津川沿いをしばらく行くと笠置山登山口に着く。ちょうど京都からの伊賀街道、奈良への月ヶ瀬街道とが交差する辺りになる。

笠置寺も観光気分で行く寺ではない。標高300mほどの山自体が寺の境内であり、そこが修行の場である。2000年近くも前から信仰の対象であったようだが、天武天皇勅願寺として良弁僧正によって巨岩に摩崖仏を彫りそれを本尊として発足した。その後、平安時代の末法思想の中で発展し、さらに歴史に名前が知れたのは、やはり太平記の時代だ。後醍醐天皇が一度目の倒幕に失敗した後、ここ笠置寺に本拠地を構えたのだ。ただ、残念ながらその戦火により多くの建造物が焼失し摩崖仏も火災の熱により表面が剥落した。思いたって40分ほどの修行場巡りに挑戦したが、日頃の不摂生が祟り息が上がってしまった。しかし、岩場を登った頂上では眺めも良く朝方のにわか雨の時の水気を通じて吹く冷たい風が心地良かった。

因みに、本尊の摩崖仏は、ほとんど何も見えないが、拓本を採ると古(いにしえ)の姿が浮かび上がるのだそうだ。高さ10m以上もある巨大拓本を地元総出で採ったらしい。今は、公民館の倉庫に眠っているが、来るべき大阪万博での公開を目指しているという。ぜひ拝見したいものだ。

第36番

海住山寺

かいじゅうせんじ

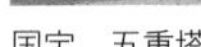

国宝　五重塔

国宝の五重塔が素晴らしい

住所　木津川市加茂町例幣海住山20
山号　補陀洛山
宗派　真言宗智山派
開基　良弁　聖武天皇
中興　貞慶
本尊　十一面観音

海住山寺から見る瓶原

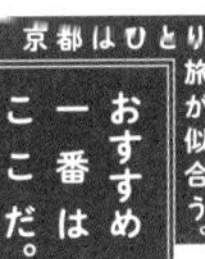

この辺りは京都より奈良の仏教界との関わりが深い。そのひとつ海住山寺には、笠置山から木津川沿いに20分ほど奈良方面に行けば恭仁京跡の大きな石碑があり、そこから山道を登ること10分ほどで到着する。地域が一望できる高台の頂上にあり、地域は、瓶原（みかのはら）といい、山は三上山という。聖武天皇の時代の創建で、良弁が開山である。言うまでもなく東大寺初代別当であり、聖武天皇の大仏建立の祈願をこめて創設された寺だ。その後荒廃し、鎌倉時代に解脱上人である貞慶により再興された。見どころは、貞慶上人追悼のために弟子の藤原長房（覚真）が、建てた五重塔である。50m以上ある東寺の五重塔に比べると20mに足らない塔だが、山上の境内で見上げると存在感は十分ある。特徴は、裳階という庇のようなものが一層の下に設けられているので6重に見えることだ。建設時のまま大きな修復もせず残っている。当然、国宝指定されている。

本堂へは拝観料を払えば入れる。狭いが本尊の十一面観音立像は平安時代、四天王立像は鎌倉時代のものでいずれも重要文化財である。その他寺宝は多く、遠くまで出かけてきた甲斐がある。ひとり堂内内陣まで入り間近に仏像と向き合う。なお、ふもとの恭仁京跡は山城国分寺跡と共に国の史跡に指定されている。

第37番

浄瑠璃寺

じょうるりじ

現世に現れた極楽浄土の寺

山門入口

住所　木津川市加茂町西小札場40
山号　小田原山
別称　九体寺
宗派　真言律宗
開基　義明
本尊　九体阿弥陀如来・薬師如来

池を挟んで本堂

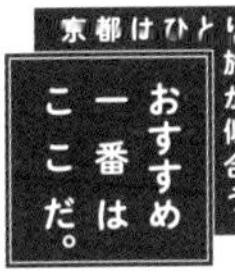

浄瑠璃寺は南山城屈指の重要寺院で、豊富な国宝群に特別名勝の庭園を持つ古刹である。海住山寺からは車で15分ほどだ。途中、アジサイ寺という別名を持つ岩船寺の三重塔も訪ねておきたい。この辺りは当尾の里と言われ、小さな石塔や石仏が点在している。車から降りて散策するのも良い。

浄瑠璃寺は、義明上人が平安中期に創建しているが、檀那（支援者）は奈良葛城の豪族で、当初は本堂のみだったが、干支一巡の60年後、薬師堂など伽藍が整備されたようだ。ここは何の予備知識がなくても十分楽しめる。まずは境内に入ると目の前に、浄土式庭園が広がる。池をはさみ東に薬師如来を安置する三重塔、西に阿弥陀如来9体を置く本堂がある。東は現世利益の薬師如来、西は極楽浄土へ導く阿弥陀如来という配置だ。池の東側まで行き、まっすぐに池に映える本堂を眺めるとまさに極楽浄土の世界が見える。三重塔は平安末期に、一条大宮から移築されたものという。朱色が鮮やかな見事な安定感のあるものである。

本堂は9体の阿弥陀如来を安置するために、11間の造りで、中尊のやや大きい阿弥陀如来を置くために中央部分を特に大きくとっている。このような9体阿弥陀堂は西暦１００0年頃、末法思想の中で多く作られた。藤原道長の法成寺（荒神口辺りに石碑のみ）が最初の例で、道長はこの阿弥陀如来と糸で手を結びつつ往生したと伝わる。しかし九体そろって現存するのはここ浄瑠璃寺くらいとなっている。本堂内には、それ以外にも木造四天王立像のうち、持国天、増長天が安置されていて、こちらも平安時代の作だが保存状態が比較的良い。ここまで本堂、三重塔、阿弥陀如来9体、四天王像すべて国宝である。ただ、広目天、多聞天は東京・京都のそれぞれ国立博物館に寄贈されている。

加えて庭園も、特別名勝であり国宝扱いである。境内は参観自由で池には蓮の花やその他季節の花・草木・紅葉と一年を通じて楽しめる。拝観料を払って、お宝満載の本堂内もゆっくり見ればたっぷり一時間かかる。

このような平城京・平安京から遠く離れた地方豪族の支配地域でも立派な寺院が営まれたことが驚きである。そしてそのため、応仁の乱はじめ多くの戦火にも遭わず今日我々が、1000年の時を越えて昔(いにしえ)のまま眺めることができることに感謝だ。

三重塔

第38番

大御堂観音寺

おおみどうかんのんじ

間近に拝む国宝十一面観音立像

住所　京田辺市普賢寺下大門13

山号　息長山

正式名（別称）　観音寺（普賢寺）

宗派　真言宗智山派

開基　義淵

本尊　十一面観音像（国宝）

本堂

本堂内部

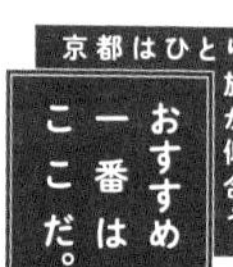

京田辺方面に出て、大御堂観音寺を訪ねる。近くには同志社大学田辺校舎がある。ここは奈良東大寺二月堂の「お水取り」の「お松明」に使う「竹」を献上するお寺である。そしてぜひ見たいのは、国宝の十一面観音立像だ。創建は、白鳳時代というからかなり古い。そして東大寺初代別当良弁の時代に中興して伽藍が整ったという。やはりこちらも奈良の宗教世界との関わりが深い。普賢寺と呼ばれていたその当時は、五重塔はじめ広大な敷地に壮大な伽藍を誇っていた。室町末期に焼失して以来「大御堂」のみとなった。しかし奇跡的に本尊の十一面観音は奈良時代から今に至るまで残っている。その国宝を見るために来たのである。

心して本堂に上がる。狭い堂内だが、威厳を感じる雰囲気の中、中央厨子に向かい手を合わせる。やはり御本尊は秘仏かと思って御住職にたずねたら、どうぞこちらへとおっしゃる。信じがたいことだが、内陣へ案内していただき、厨子の真ん前にお連れいただき、どうぞご覧ください。と、ゆっくり観音開きの厨子が開くと、目前に観音様が現れた。慈悲深いその視線と目が合うと、自然に手が合わされる。そして感動を超越し1200年の時を越えて自分と同じ空間に今いることを考えると、なぜか涙が出る。仏様は女性でも男性でもないというが、やはり観音様は女性だ。ふくよかそうな胸、美しくしまったウエスト、薄布に覆われた下半身の妖艶さ。そして慈悲深い母の眼差し、どれも憧れの女性像である。女体への渇望と母への尊敬とを同時に感じる。

親切な住職のお陰で、しばらくよもやま話をさせていただき良い話と共に貴重な時間を過ごした。ひとりでの寺巡りはこのような出会いと感動があって誠に良い。

竹送りの寺

豆知識「三密」

なお、昨今話題の「三密」とは、本来は空海が教える真言密教では身体・行動と言葉・発言そしてこころ・考えという三つの重要な修行を意味するのだそうだ。

したがって現在の3密も密閉・密接・密集を避けることは修行であり、あだやおろそかにしてはならない。マスクを忘れるのは言語道断。まして壇蜜などを想像すべきではない。

第39番

寿宝寺

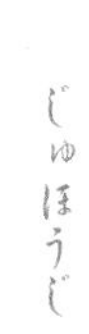

同志社田辺校舎に近い

本当に千本の腕が？

住所　京田辺市三山木塔の島20
山号　開運山
別称　山本の大寺
宗派　高野山真言宗
本尊　十一面千手千眼観音菩薩

京都はひとり旅が似合う。
おすすめ一番はここだ。

寿宝寺も京田辺の同志社大学校舎のすぐ近くにある。町中にひっそり建つ住居兼寺院という一般的な檀家寺の趣きである。しかしここには、大阪の葛井寺（ふじいでら）と奈良の唐招提寺と並ぶ千手観音の傑作がある。南都と平安京をつなぐこの辺りには多くの歴史的寺院があったようだ。ただ、歴史の経緯からいくつかの寺院が合併してできたのがこちら寿宝寺である。

目的の観音像は狭い境内の中に5m四方くらいのお堂がありその中に安置されていた。したがってごく間近に拝むことができる。しかも寺の方の演出でお堂の扉を閉めて暗闇からわずかの光の中でまず拝む。昔、月光の中でひざまずき観音様を拝んだような慈悲の視線を感じる。そして次に扉を開けてまぶしい太陽の光の中で拝む。その眼差しの違いを感じる。なかなか粋な演出ではないか。

凄いのは、実際に千本の手を持っているらしいということだ。数える気力はないが、普通千手観音の手は実際は42本の手であり、前で2本の手を合わせて印を結んでいる。そして残り40本の手がそれぞれ25の世界を救うとされ25×40で1000本となる。しかし寿宝寺の観音様は実際に1000本の手を有し数々の珠宝を持ち、手には眼がある千手千眼観音ということとなのだ。制作は平安時代というので重要文化財指定だが、先年蓮華王院の千手観音がすべて国宝指定されたのならば、こちらも国宝で良いと思う。また一般的に構造上、千手観音は上半身に比重がかかるので下半身が短く短足になりがちだが、こちらはすらりとしたお姿が良い。ただただこの仏様を拝むため訪れるお寺である。

第40番

酬恩庵

しゅうおんあん

山門入口

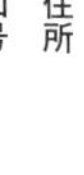

一休さんの晩年はスケベー

住所　京田辺市薪字里ノ内102
山号　霊瑞山
別称　一休寺
宗派　臨済宗大徳寺派
開基　南浦紹明
中興　一休宗純
本尊　釈迦如来坐像

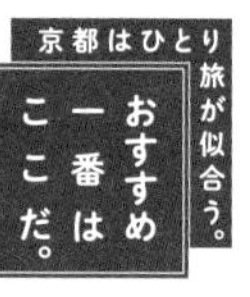

酬恩庵への最寄りの駅は近鉄京都線新田辺駅だが、その後路線バスを乗り継ぐ必要があるので、車かタクシーの利用をお勧めする。因みに京都駅からは30分ほどだ。ここは大徳寺住職を務めた一休宗純の寺として有名である。筆者は、とんちの一休さんよりも晩年の人間味あ

ふれるドロドロの一休さんが大好きだ。

酬恩庵は、元は鎌倉時代初期の妙勝寺という寺を一休さんが室町時代に中興したものである。一休さんは大徳寺住職時代に、ここから10km近くの道のりを北大路の大徳寺まで通っていたらしい。現在の酬恩庵の見どころは、将軍足利義教によって建てられた本堂と、方丈を囲む庭園群である。庭園は「寛永の三筆」の一人松花堂昭乗などの作庭で、北庭は蓬莱庭園、東庭は十六羅漢を南庭は白砂の大海を表現している。また、茶室「虎丘庵」にある茶道の祖である村田珠光作庭の枯山水庭園も有名である。

そして最大の見どころは、重要文化財の一休禅師座像だ。禅師没後、その頭髪と髭を植え付けたものであり、その表情は彼の生命力を表している。生命力は精力であり、彼の晩年の凄まじさはつとに有名である。森女という若い盲目の美女と閨を共にし、快楽に溺れているのだ。時に一休さん77歳、現在でも考えにくいが、当時では驚異的な生命力である。『狂雲集』という書き物にその淫靡な実態を書き残している。

「美人の婬水を吸う
蜜に啓し自ら慚ず(はじ)、私語の盟
風流の吟を罷め(や)て、三生を約す

生身堕在す、畜生道
潙山戴角の情を、超越す
美人の陰、水仙花の香有り
楚台応に望むべし、更に応に攀ずべし
半夜、玉床、愁夢の間
花は綻ぶ、梅樹の下
凌波仙子、腰間を遶る」

以上抜粋。

現代訳はあえて書かないが、「淫水」とか、「蜜に啓し」「美人の陰」「腰間を遶る」など、字づらで想像するだけでもうれしい表現が続く。88歳で亡くなるまで愛おしんだといわれる。そして、臨終に際して言った言葉が凄い。「死にとうない」である。大好きだ。一休さん。なお、一休禅師は南北朝統一時の後小松天皇（北朝）の御落胤である。高貴な方たちの生命力は恐るべしだ。

一休さんの元気をもらってさらに山城地方を旅する。

第41番

蟹満寺

かにまんじ

蟹と蛇と娘の理不尽な話

住所 木津川市山城町綺田36
山号 普門山
宗派 真言宗智山派
開基 伝 秦和賀
本尊 国宝釈迦如来

真新しい本堂へ

蟹の印

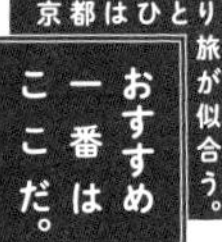

蟹満寺は木津川沿いの国道24号線からJR棚倉駅と玉水駅の間を東に曲がる。木津川の支流沿いにその寺はある。こちらの目的は国宝釈迦如来像を見ることだ。

現在の本堂は10年ほど前に建て替えたものなので白木や着色の鮮やかなものである。本堂に入ると、中心に丈六の釈迦如来坐像が堂々と配されている。銅像の黒光りが時代を感じる。内部の壁には蟹の恩返しを絵巻物にした数枚の額が掲げてある。

寺の周辺は木津川沿いの典型的な田園風景が広がる。

ものがたり「蟹の恩返し」

寺名の由来になっている「蟹の恩返し」（今昔物語集）を紹介する。

『昔、この里に慈悲深い父と娘がいた。娘は子供たちが蟹を捕まえるのを見てその蟹を逃がしてやった。一方、父はカエルがまさに大蛇に飲み込まれようとするのを見て、カエルに成り代わり蛇に許しを乞うた。蛇はそなたの娘を嫁にくれるのなら許すと言う。仕方なくそうすると言ってカエルを逃がしてもらった。その夜、さっそく大男に姿を変えた蛇がやってきて娘をもらいに来たという。困った父は、三日だけ待ってくれと言うと一旦帰った蛇は、三日目の夜に家の周りで大暴れした。不思議なことに明け方、静かになったので外に出ると、大量の蟹の死骸と蟹に切り刻まれ息絶えた蛇が横たわっていた。二人は蟹と蛇の供養のために観音堂を建てたのが、蟹満寺の始まりである』という話だ。

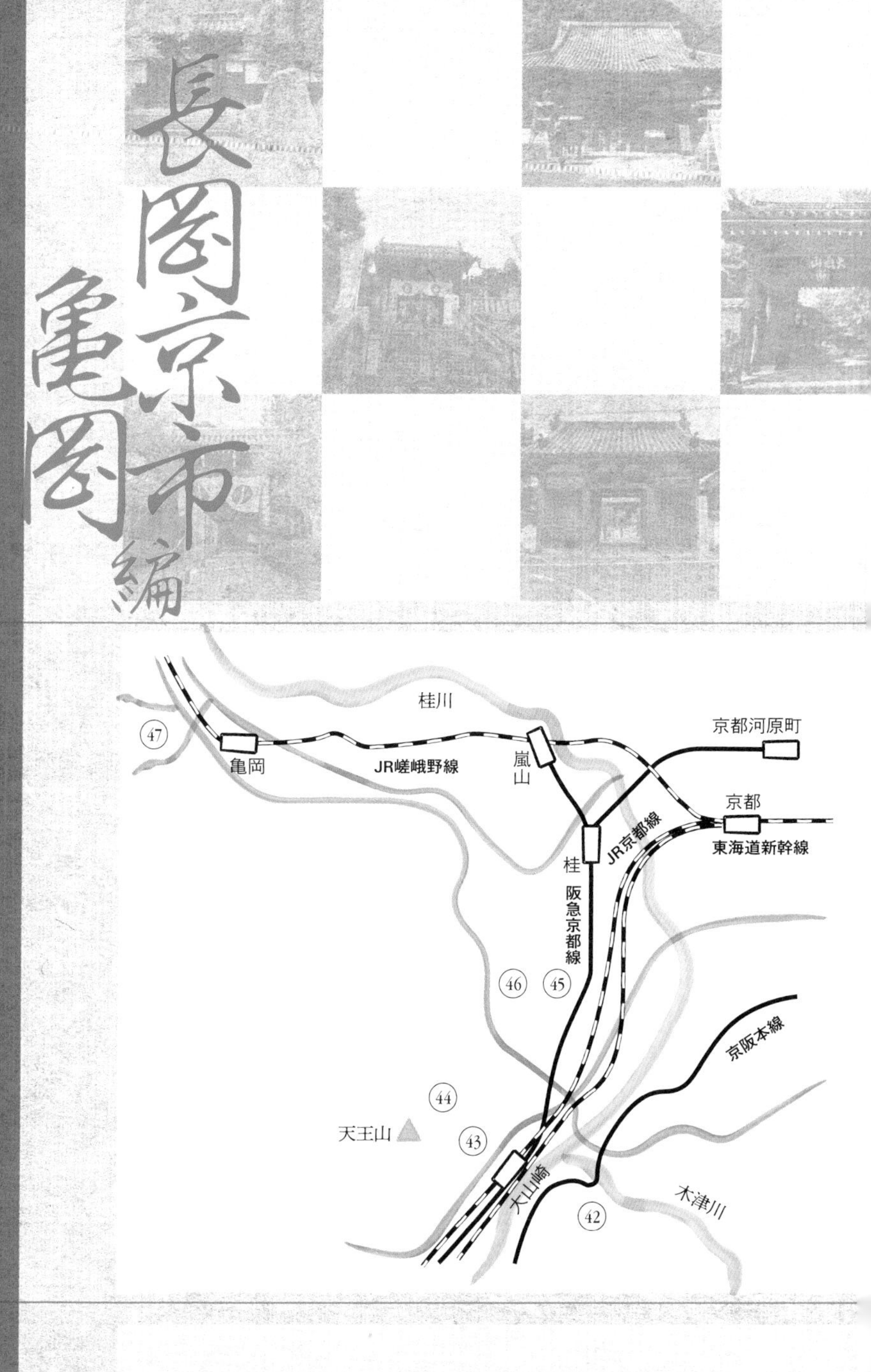
長岡京市
亀岡編
桂川
47
亀岡
JR嵯峨野線
嵐山
京都河原町
京都
東海道新幹線
JR京都線
桂
阪急京都線
46
45
京阪本線
44
天王山
43
大山崎
42
木津川

第42番

善法律寺

ぜんぼうりつじ

紅葉の季節に行きたい

紅葉の絶景を見る

住所　八幡市八幡馬場88－1
山号　男山
別称　紅葉寺
宗派　律宗
開基　実相上人
本尊　僧形八幡大菩薩

紅葉の寺

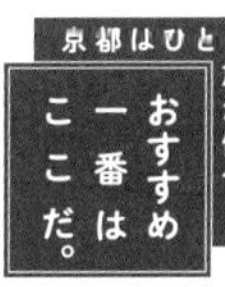

京都の西南地区、八幡市に向かう。善法律寺は京阪電車の八幡市駅から歩いて15分ほどだ。京都には足利家ゆかりの寺院は、等持院など多くあるが、明治から昭和にかけての皇国史観の中で一時期、逆賊足利尊氏というイメージが作られた。そのため尊氏の功績は必要以上におとしめられた。ところが、最近の「室町ブーム」で、尊氏・直義兄弟はじめ足利家に注目が集まっている。

善法律寺は、三代将軍義満の母、良子ゆかりの寺である。鎌倉時代に奈良唐招提寺の末寺として石清水八幡宮の域内寺院として成立した。その折、検校の善法寺宮清が自分の邸宅を寄進したもので、その3代後の娘良子が2代将軍義詮に嫁ぎ、義満を産んだ。

寺の見どころは、紅葉だ。良子が事あるごとに立派な紅葉を移植したことによる。別名「紅葉寺」と言われるのもうなずける。後醍醐天皇も訪れて派手に酒宴を催したと伝わる。足利家と決別する以前の話だろう。当然、秋には観光客で賑わう。石清水八幡宮とあわせてお参りしたい。

このように京都は権力争いや政治・思想の変遷にもまれながら生き残ってきた寺院が多い。

第43番

宝積寺

ほうしゃくじ

秀吉一夜造りの塔と言うが？

住所　乙訓郡大山崎町大字大山崎字銭原1
山号　天王山
別称　宝寺
宗派　真言宗智山派
開基　行基・聖武天皇
本尊　十一面観音

本堂

山号は天王山

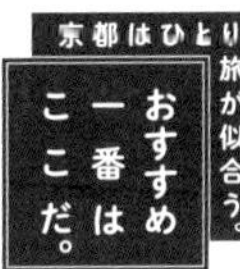

ここからは大山崎方面から西山地域を目指す。京都駅から15分ほどでＪＲ大山崎駅に着く。駅前には、国宝の茶室が有名な「妙喜庵」がある。その脇をすり抜けて、東海道本線の踏切を渡る。京阪神間の基幹鉄道だけに、複々線に貨物専用線路もあり50ｍ近い長い踏切だ。足の弱いご老人は急いで渡らねばならない。踏切を渡ると、宝積寺の参道がすぐに始まる。山崎の合戦で有名な天王山の登山道にほぼ重なる。ずっと登りが続く。一汗かいた頃に、山門にたどり着く。

奈良時代の創建で、開基は行基である。この辺りの土木工事に大きく貢献した奈良時代の高僧で、寺は時の天皇である聖武天皇が、夢のお告げにより龍神から得た「打出」と「小槌」を賜り皇位についたと伝わることから、「宝寺」と呼ばれる。ここには重要文化財の「三重塔」通称「秀吉一夜造りの塔」が見たくて来た。また御本尊の十一面観音像など、寺宝も多い。

目当ての三重塔は見上げると、逓減率の少ない美しい姿だ。逓減率とは、多重塔の屋根の幅が、構造上上になるほど小さくなるのが普通だが、その小さくなる度合いを、逓減率という。この塔はほぼ同じ大きさで上層に至るので、存在感が大きく感じる。東寺や、仁和寺の五重塔が美しいのも、下から上まで五つの屋根の幅があまり変わらず、逓減率が小さいからだ。秀吉は、この塔から天王山の戦いの状況を見ていたのだろうか。しかし、塔の創建は、１６０３年となっている。山崎の合戦が、１５８２年（天正10年）で、秀吉の死没が１５９８年（慶長3年）であり、塔の完成以前に秀吉は亡くなっている。有名な「秀吉一夜造りの塔」は、秀吉死後の創建だった。建てたのはどこの秀吉か。豊臣秀吉に関する伝説は無数にあって真偽を確かめるのはやめよう。天王山のふもとにあるこの宝積寺の塔が、秀吉の功績に因み、そう呼んだのだろう。京都や大阪の各地での、太閤伝説には嘘も真も含めて、いろいろ伝えられているのだ。

因みに、本堂の裏から、天王山山頂まではあとわずか、余裕のある方は山頂を目指すのも良い。また、周辺にはサントリーウイスキー工場や、ごま油搾油発祥の地「離宮八幡宮」など見どころが多い。

三重塔（秀吉が造った？）

第44番 楊谷寺

ようこくじ

眼病に効く独鈷水は飲料にも良い

住所　長岡京市浄土谷2
山号　立願山
別称　柳谷観音
宗派　西山浄土宗
開基　延鎮
本尊　十一面千手千眼観音（秘仏）

西山の奥にある

上書院内部（映画の撮影に使われた）

独鈷水（飲料可能）

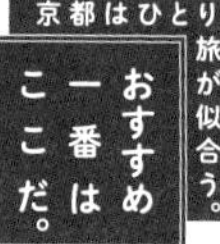

JR大山崎駅から車で、15分くらいかかる。縁日の日には送迎バスが運行されるが、普段は乗用車がお勧めだ。大阪府との府境近くの峠にある。開基は、延鎮上人であの清水寺の開基でもある高僧だ。その後空海が度々修行に訪れたことで今日まで栄える。

なお、眼に良いという独鈷水は今でも滔々と水が湧き出ていて飲料にも可能なので近所の方が自由に汲みに来ている。確かにまろやかな美味しい水であった。

また、本堂から奥の院に通じる途中の中庭庭園は特別名勝で「浄土苑」といい斜面に見事に作られたもので、梅雨時の

ものがたり「眼病平癒」

伝承によると、眼の見えない子ザルに親猿が堂内の湧水で一生懸命に目を洗ってやっていた。それを見た空海が14日間祈祷を行うと目が開いたという。その湧水を独鈷水（おこうずい）と命名し眼病に良いとされた。その後江戸時代初期、霊元天皇の目が悪く、この水で洗うと眼が良くなったということで、評判が一気に広まった。その子、東山天皇のお后がここで祈祷し、後の中御門天皇が誕生したことなど、親子三代にわたる関係から、中御門天皇勅刻（自ら彫った）の観音様が奥之院の御本尊となっている。近世の天皇家ともかなり深い関係性がうかがえる。

アジサイが美しく、6月頃が一番の見どころとなる。因みに、毎月17日の観音様の縁日だけ入ることのできる上書院は、中庭を見下ろせて絶景であり、映画「日本のいちばん長い日」で役所広司演ずる阿南陸軍大臣が切腹するシーンに使われたところである。

縁日の中でも特に、2月17日には、吉野大峰山から山伏たちが来て「開眼大護摩供」が行われ一層多くの人で賑わう。護摩を焚く煙が遠くからでも見えるほどだ。参道石段から、本堂・書院・庭園を見物し上書院から渡り廊下で奥の院までじっくり見て、境内の西隅にある独鈷水まですべて回ると1時間ほどはすぐに過ぎる。

備え付けのボトルもあるが大きな水筒やペットボトルをもっていけば独鈷水を持ち帰れる。

京都は地下水脈が豊富で中には飲めるものも多く、地元の人が飲料や料理に日常的に使っていることもある。京都は寺院や文化だけでなく奥深いのだ。

第45番

乙訓寺

おとくにでら

本邦最大級の怨霊早良親王幽閉の寺

住所　長岡京市今里3－14－7
山号　大慈山
別称　牡丹寺
宗派　真言宗豊山派
開基　推古天皇
本尊　合体大師（空海・八幡神）

創建は奈良時代

本堂

乙訓寺は阪急長岡天神駅から車で10分ほどだ。古い街並みに囲まれた古刹である。乙訓地域では格別に古い歴史を誇る。推古天皇の時代に聖徳太子が創建したというが詳しくは不明だ。ただ、桓武天皇の長岡京遷都の時には、都最大の寺院として壮大な寺域に立派な伽藍が配置されていたという。

平安時代初期、政治及び皇位継承に翻弄され死んで怨霊となった早良親王幽閉の寺として訪ねてみた。しかし印象は全く違って、今は、牡丹の寺として有名になっていた。ただ普段は訪ねる人もなく、拝観料は受付で払うのだが筆者が行った時は人もいなかった。狭い境内で本堂などを外から拝

ものがたり「抗議の絶食死」

この寺が歴史に名をとどめるのは、長岡京建設時、その責任者である藤原種継の暗殺事件の首謀者として逮捕された早良親王がここに幽閉されたことだ。無実を主張する親王は、自ら食を絶ち悶絶し死ぬ。そして平安初期最強の怨霊となる。なぜ怨霊となったか。怨霊になる条件は、高貴な人が、理不尽に、殺されるか自殺せざるを得なくなった場合だ。そしてその死後、おとしめた側の人間に不幸が訪れるとたちまち「怨霊」に昇格する。生きたまま恨みを晴らすのは「生霊」、単にこの世に未練を残して出るのは「幽霊」である。筆者の知る限り怨霊は地位の高さと理不尽さで霊力が決まる。日本最高クラスの怨霊である菅原道真は右大

み、すでに散った牡丹の葉を眺めながら平安時代直前の大事件を考えてみた。京都の寺社は多くが複雑な歴史をひも解くと怨霊となった高貴な方たちの鎮魂のためのものが多い。

菅原道真など神社では御祭神となっていることが多いが、寺は分かりにくいので心を込めて手を合わせることをおすすめする。

早良親王供養塔

臣なので地位はそう高くないが、理不尽さが半端ではなかったのであろう。

一方、早良親王だが、地位も理不尽さも兼ね備えた最強の怨霊になった。桓武天皇の弟であり次期天皇とされていた。しかし桓武天皇の第一子（後の平城天皇）が成長すると不要な存在となる可能性があった。さらに親王は、若い頃出家して東大寺別当の地位を約束されていた。それを父光仁天皇の命で還俗して皇太弟になっていたのだ。したがって奈良仏教界がバックについていたのだろう。平城京での奈良の仏教界との関係を絶つ目的で遷都を思いついた桓武天皇からは警戒されたのだ。真実は分からないが、その後「崇道天皇」という追号を贈っていることからして冤罪であったことは明白だ。

第46番

粟生光明寺

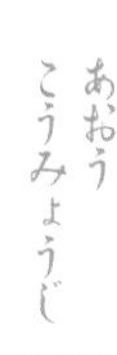

紅葉の名所

阿弥陀堂に抱かれ眠りたい

住所　長岡京市粟生西条ノ内26－1
山号　報国山
宗派　西山浄土宗
開基　蓮生
開山　法然
本尊　阿弥陀如来

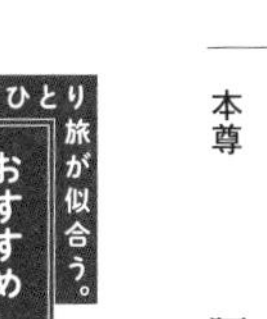

乙訓寺から丹波街道を北西に行くと大きな駐車場が見えてくる。阪急長岡天神駅からは車で15分ほどだ。紅葉の名所なので、その季節にはシャトルバスが出る。光明寺という寺名は多いので注意だ。粟生(あおう)の里にあることから「粟生光明寺」という。法然の念仏根本根元の地である。熊谷直実が源平合戦の折り、源氏の大将

として参戦、一の谷の合戦の時、騎馬で海上に逃げる高貴な公達の姿を見つける。「敵に後ろを見せるのは卑怯でありましょう、お戻りなされ」と呼びかける。潔く戻った公達の兜首を取ろうとその顔を見ると、我が子と同じ年頃の美しい顔の青年であった。躊躇するが相手の武将の「お前のためには恩賞になる良い敵である。ためらわず首を斬れ」と言う覚悟を聞き、涙ながらに首を掻き切る。その平家の公達は笛の名手平敦盛、清盛の甥であった。その後、人の無常を知った直実は、黒谷金戒光明寺で出家しこの地に入って、念仏三昧堂を建立した。光明寺の実質の始まりである。

ものがたり
法然の念仏への信念を込めた「張り子の御影」

法然の愛弟子に、住蓮坊・安楽坊という美声・美男子の僧がいた。そこに後鳥羽上皇の女官の鈴虫姫・松虫姫二人が、上皇の留守中に出家するという事件が起こった。怒った上皇は僧二人を死罪にし関係者の処分を行うこととなった。事件は仏教界における法然の専修念仏への旧勢力の反発が背景にあったのだ。法然自身は四国への流罪が決まった。その際弟子から「何か形見になるものを」と所望された時、懐から自分の母からもらった手紙を出し、それを水に浸し自分の姿に似せて御影を作ったという。13歳で出家して以来、75歳の法然は手紙をその時まで大切に肌身離さずもっていたのである。それを弟子に託し、専修念仏への強い信念を示したのであ

大きな山門をくぐるとまっすぐ石段の表参道があり、左に曲がると紅葉坂というなだらかな参道と二通りある。いずれも紅葉の季節には絶景の赤いトンネルができる。ひとり夏の昼下がり広い阿弥陀堂の高縁にしばらくマッタリとした。

る。長く嵯峨の二尊院にあったものを現在ここに安置している。
この事件は後世、「建永の法難」と呼ばれている。その「張り子の御影」が、御影堂奥に安置されている。それを遠目に拝むのである。門徒の根本と決意がここにあった。

筆者の大学時代の唯一無二だった親友は、「光明寺阿弥陀堂に抱かれて眠りたい」と、日記に書き残している。スポーツ万能の活動的な彼は、しばしば一人旅に出かけて文化遺産を訪ねたり自らの生き方を徹底的に模索する哲学人でもあった。卒業間近のコンパの席で友人たちと論争となった。社会人への旅立ちの直前、将来への不安や期待をぶつけ合うのは若者には日常のことだった。深夜いつものように筆者は彼と握手して別れた。話し足りない友人と彼は議論を続けた。冗談で突き出した友人の拳が彼には致命傷となった。そして今ここに本当に永遠に眠っている。最後の握手の手の温もりは40年経ても残っている。筆者は人生の晩年になって若いままの彼と議論の続きをするために光明寺を訪ね続ける（涙）。

第47番 穴太寺

あなおじ

亀岡の里にひっそりと佇む古刹

住所　亀岡市曽我部町穴太東辻46
山号　菩提山
宗派　天台宗
開基　文武天皇（勅願）
本尊　薬師如来

歴史を感じる山門

多宝塔

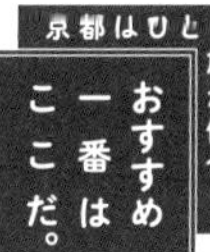

次はちょっと足を伸ばして亀岡の古刹に行く。JR亀岡駅から車で15分、京都縦貫道亀岡インターからも15分ほどで穴太寺がある。創建は奈良時代文武天皇の時だ。

境内は出入り自由だが、本堂と庭園には拝観料がいる。さっそく本堂に上がり「身代わり観音」の前に立つ。秘仏なので前立を拝む。本尊の薬師如来も秘仏でこちらは公開の予定もない完全秘仏である。また、正面右奥には、明治になって発見された寝姿の釈迦如来の木像がある。北枕で横になり本当の布団まで掛けられていて、いわば仏像の涅槃図であり大変貴重なものである。自分の体の悪い

悪人も改心させる観音様の慈悲「身代わり観音」

今昔物語(ものがたり)集に以下の話が伝わる。昔（室町時代か）強欲な宇治宮成という人が信心深い妻の勧めで金色の観音像を京の仏師に彫らせた。お礼に愛馬を渡すが急に惜しくなり、帰り道待ち伏せしてその仏師を射殺した。ところが帰って見ると出来上がったばかりの観音様の胸に自分の矢が刺さり血が滴り、その目には血の涙が出ていた。仏師と、このままでは罪人になる自分の両方を助けるために身代わりになったのだった。罪を悔いた宮成は、このお寺の薬師如来のそばにこの観音様を安置した。秘仏で33年に一回の御開帳があるらしいが、本当に胸に矢傷が残っているとのことである。

所を撫でて自分のそこに当てるとよくなるらしい。早々にお釈迦様と自分の頭をしっかり撫でた。発見されるまでは屋根裏に隠されていたものを、信者の夢のお告げにより発見された。

方丈の庭も手入れが大変行き届いている。武家屋敷を転用したもので、隠し部屋があるなど手の込んだ構造である。山門横の多宝塔を借景にした池泉回遊式の庭園は亀岡屈指の名勝となっている。ちょうど梅の満開の時で、境内にはアマチュア写真家が多く三脚を立てていた。

完成度の高い古刹である。

近くには円山応挙が若い頃修行した金剛寺がある。そのため応挙の作品を多く所蔵し別名応挙寺と呼ばれる。車なら数分で行けるのでぜひ合わせて訪ねたい。

金剛寺（応挙寺）

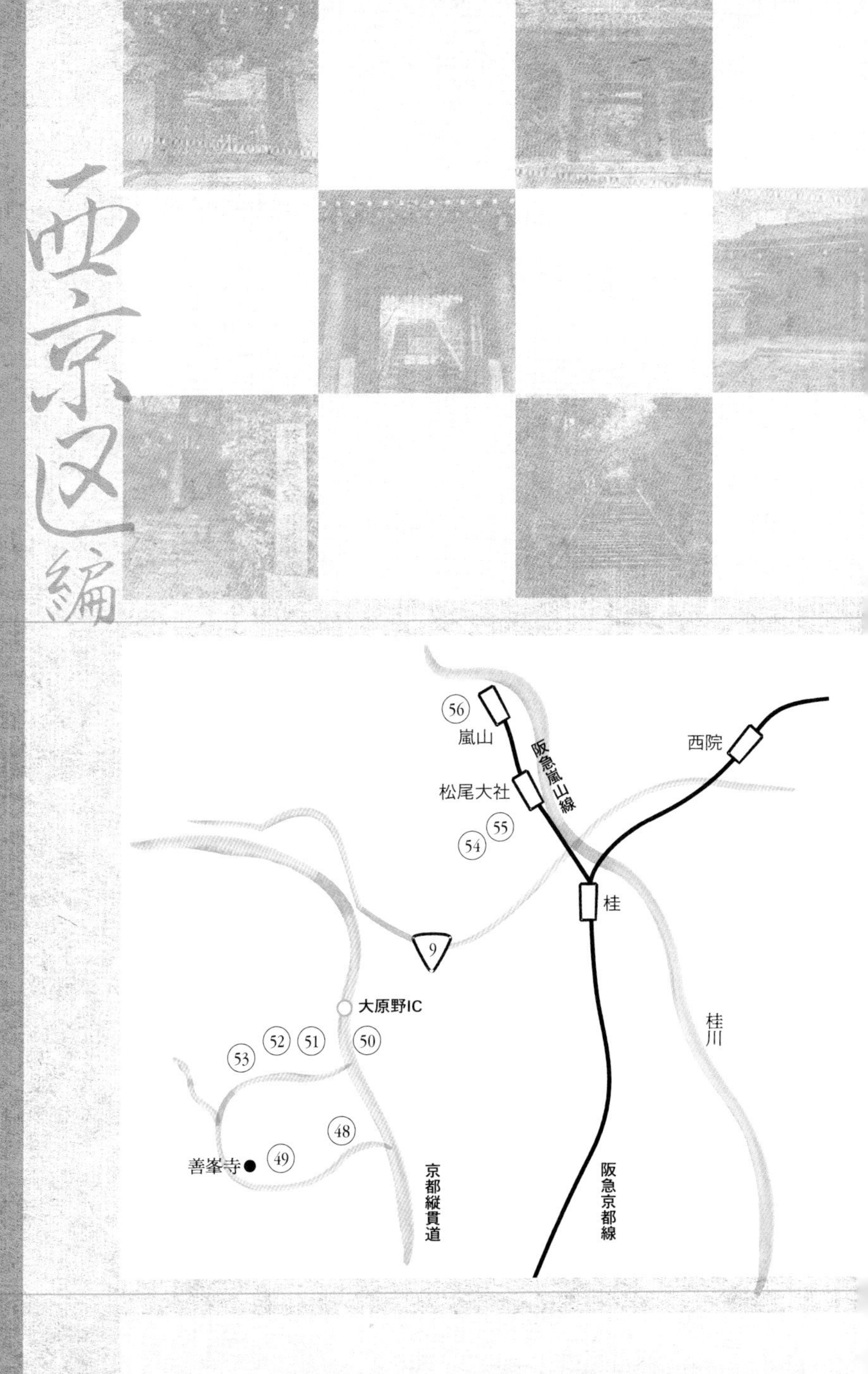
西京区編
56
嵐山
阪急嵐山線
松尾大社
55
54
西院
桂
9
大原野IC
52
51
50
53
48
善峯寺
49
京都縦貫道
阪急京都線
桂川

第48番 十輪寺

じゅうりんじ

塩竈跡

石段のすぐ上にある

塩竈伝説の寺

住所　京都市西京区大原野小塩町
山号　小塩山
別称　業平寺
宗派　天台宗
創建　藤原明子（文徳皇后）安産祈願
本尊　延命地蔵菩薩

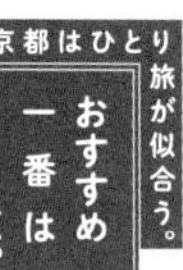

阪急向日市駅が最寄りの駅だが、西山の寺院を巡るには自家用車が便利だ。山陰街道や丹波街道・物集女(もずめ)街道が複雑に交差する辺りから府道向日善峰線を西に行くと、突然右手に見えてくる。十輪寺（なりひら寺）という石碑を見逃さないように注意して石段の参道を登る。

お目当ては塩竈跡である。先日まで日経新

聞夕刊で連載の「伊勢物語」の主人公とされる在原業平の隠棲の寺である。彼は平安遷都直後の薬子の変で敗れた平城天皇の直系であったため、皇位はおろか出世の望みも薄かった。そのためか自身の美貌と歌の才能を武器に数々の女性遍歴を重ねる。あろうことか、将来のお后候補とも浮名を流すのである。すなわち藤原高子（たかいこ）、後の二条后（清和天皇女御）との恋である。お后となり会えなくなった高子が近くの大原野神社に参詣の時、業平は十輪寺で「塩焼き」を行いその煙で自分の存在を示したという。しかし難波の海から大量の海水を運び込み、それを竈で繰り返し焼いて塩を精製するのである。大阪湾から人力で海水を運ぶ下僕の苦労を思うと、筆者はロマンチックな気分にはなれない。その塩竈跡が本堂の裏手にある。

　本尊は、延命地蔵菩薩である。また花山天皇が西国三十三か所巡礼の時に背負ったという十一面の禅衣観音（おいずるかんのん）も有名だ。なお、庭園は立って見る、座って見る、そして寝転んで見るとそれぞれ趣の違いが味わえる「三方普感の庭」と言われ、春には「なりひら桜」が咲き誇る。

　創建は、文徳天皇妃である藤原明子（あきらけいこ）の安産祈願に地蔵菩薩を安置したことに始まる。余談だが、染殿とも呼ばれる明子は四条寺町にも「染殿地蔵」という安産祈願寺院（もともとは釈迦堂）に願かけをするなど熱心な信者であったようだ。その結果、後世に大きな功績を残す清和天皇を無事出産したのである。

第49番

三鈷寺

さんこじ

二大仏七城俯瞰の寺

住所　京都市西京区大原野石作町1323
山号　西山・華台山
別称　往生院
宗派　西山宗本山
創建　源算
本尊　仏眼曼荼羅

険しい参道を行く

洛中を一望できる

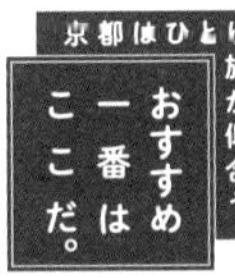

十輪寺から善峯寺を目指すと途中に、三鈷寺への登山口がある。一方、善峯寺の境内からも直結しているので、そこからの方が楽に行けるが、今回はあえて厳しい山道を登るとする。途中、あと三鈷寺まで〇〇mという木札が立っているが急な登り道は、普段の鍛錬の足らない筆者にはきつい行程だ。「2大仏7城俯瞰の寺」と呼ばれる絶景の眺めを期待し頑張る。2大仏とは言うまでもなく、京都方広寺の大仏、そして東大寺の大仏だ。7城とは、淀城、伏見城、二条城、大阪城、勝竜寺城、……。あと二つは？　さて、寺は平安時代に源算上人が往生院という草庵を結んだのが始まり、その後鎌倉時代に、慈円（慈鎮和尚）を経て証空（西山国師）になって浄土宗西山派の道場として現在の寺号になった。背後の山が仏具の「三鈷」に似ていたからという。

希望すれば住職の解説を聞けて本堂にも入場できるが、人の気配がないのでこの度は一汗かいた後の京都市内の眺めを一番の御褒美とする。無人の境内でいっとき過ごして善峯寺を経由して帰ることにした。

第50番

正法寺

洛中の風景を借景にした庭園

住所　京都市西京区大原野南春日町1102
山号　法寿山
別称　石の寺
宗派　真言宗東寺派
開基　智威大徳
本尊　三面千手観音

山門

市内を一望する庭園

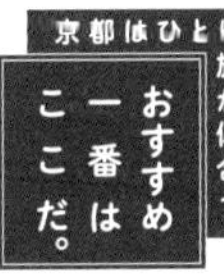

京都西山大原野地域をもう数箇所巡る。淳和天皇陵のある小塩山山麓のいくつかの古刹は洛中の都市化・近代化に背を向けて残っている。まず正法寺は阪急東向日駅から車で20分ほど、桜の季節にはソメイヨシノ・枝垂れ・八重桜と順繰りに楽しめるお寺だ。伺った時は、八重桜の散り初めの時で春の名残を味わった。

正法寺の創建は奈良時代だが、「西山の弘法さん」と言われるのは平安初期に空海が中興したからだ。本尊の千手観音はお顔の左右に化仏を従え三面となっている珍しい形状だ。まずは本堂内でたった一人、しばらく過ごす。愛染明王や薬師如来も間近に拝めてありがたい。また方丈の方には、大黒天像が嬉しそうに走り出している（ように見える）。いち早く我々に幸福をもたらしたいのだという。京都6大黒様の一つ「走り大黒天」と呼ばれている。

そして見どころは、方丈縁側から見る庭園の絶景だ。はるか京都市内を借景にした壮大な白砂庭園「宝生苑」だ。寺のパンフレットには「白砂に浮かぶ鳥獣　春夏秋冬の名園」と、紹介されている。誰もいない中で景色を独占する。また、近年建て替えたらしく、本堂・方丈は明るく襖絵は現代作家によるものだったので、何か普通のお金持ちの邸宅にお伺いしたような寛いだ印象だった。なお、襖絵は地元大原野の自然を描き続けた西井佐代子氏の遺作である。

第51番

勝持寺

しょうじじ

西行法師出家のお寺

住所　京都市西京区大原野南春日町１１９４
山号　小塩山
別称　花の寺
宗派　天台宗
中興　最澄
本尊　薬師如来

風雪に耐えてきたような山門（仁王門）

本堂

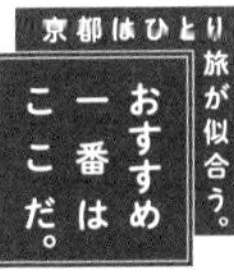

正法寺から大原野神社の鳥居前を横切り、勝持寺に向かう。参道の途中、平安時代の遺構である「仁王門」をくぐる。なだらかではあるが長い上り坂を20分ほど歩く。「花の寺」と別称される名の通り四季折々の草花が楽しめる。南門にたどり着くと書院の受付を経て、阿弥陀堂から宝物殿である「瑠璃光殿」で重要文化財級の仏像を間近で拝見する。勝持寺も創建は奈良時代だが、平安初期に最澄が伽藍を再建した。したがって天台宗だ。隣の正法寺は空海の真言宗であり対をなす。しかし応仁の乱でほとんどの建物が焼失したのは同じだ。それにしてもこんな辺鄙なところにも応仁の乱の戦火が及んだのかと思うと恐ろしくなる。

有名なのは佐藤義清が出家した寺であることだ。鳥羽上皇に仕える北面の武士であった義清は、一説には（上皇の后である）待賢門院璋子に恋愛しその思いを断ち切るために出家したともいう。佐藤義清とは、西行であり歌人として名を残すその人である。その西行が植えたとされる桜が「西行桜」として残っている。花の寺と言われる理由もここからきているようだ。境内には天台宗ながら弘法大師ゆかりの不動堂があり「眼病平癒」の効果があるという。同じ西山の柳谷観音（44番）にも同じく眼病に効く空海ゆかりの「独鈷水（おこうずい）」が涌くが、こちらは「瀬和井（せがい）の泉」が涌いている。京都はどこにでも名水が湧き出るのである。

第52番

願徳寺

がんとくじ

入口に国宝「如意輪観音」の表示

国宝「如意輪観音半跏像」を間近に見る

住所　京都市西京区大原野南春日町1223－2
山号　仏華林山
正式名　宝菩提院願徳寺
宗派　天台宗（台密）
開基　持統天皇　中興　平忠快
本尊　如意輪観音半跏像

京都はひとり旅が似合う。
おすすめ一番はここだ。

勝持寺のすぐ隣、2～3分で願徳寺の正門に着く。正式には、宝菩提院願徳寺という、その理由はあとで書く。門には、「拝観希望の方はインターフォンで……」との張り紙があり許可を得て横の通用門から入る。ここには宝物殿の国宝「如意輪観音半跏像」を見るために来た。

創建は持統天皇の「徳ある願い」により寺

戸（現在の向日市）に建てられたので、そこから「願徳寺」となった。そして三条東山の「宝菩提院」にいた中興開山の小川法印忠快（平清盛の甥）が、寺と共に願徳寺に移ったため、冒頭の寺院名「宝菩提院願徳寺」と言われる。その後、応仁の乱などで荒廃した後、昭和になってこちら小塩山の勝持寺敷地内に移転した。本堂・庫裏が再建されたのは昭和48年で、本尊の如意輪観音像などが寺に戻ったのは実に平成8年になってからである。室町の戦乱の影響がなんと平成まで続いていたということだ。宝物殿に一人で諸仏像と向かい合うと、しばしば何か怖い思いもするが、こちら国宝の如意輪観音は、穏やかなお顔で伏し目がちの眼差しはちょうど跪くと視線が合う。しかも半跏踏み下げの形なので、座った形に安定感があり安心感が漂う。隣の薬師瑠璃光如来も現世利益をもたらす優しい表情である。しばし時の経つのを忘れて過ごした。

その後、外に出たが本堂や方丈には入れない。まさに国宝と重文の仏像を見るだけだった。登ってきた勝持寺の参道の坂道を草花を愛でながら気分良く下って、次は小塩山に登る。やはりひとりが気楽で良い。

第53番

金蔵寺

こんぞうじ

山門の寄進箱に入山料を入れる

王城の鎮護のためのお寺「西岩倉」

住所　京都市西京区大原野石作町1639
山号　西岩倉山
宗派　天台宗
開基　隆豊
本尊　十一面千手観音

京都はひとり旅が似合う。
おすすめ一番はここだ。

難所である。このシリーズでも「金胎寺」や「笠置寺」など修行の寺はハイキング気分では行けないと書いた。車でも行けるが、対向車との交差が不可能な狭い道を行く。

金蔵寺は淳和天皇陵のある小塩山の中腹にある。創建はこちらも奈良時代、聖武天皇から「金蔵寺」の勅額を賜った。そして平安遷都の折りに桓武天皇が「王城鎮護」のために、都の四方に経典を埋蔵した。こちらは「西岩倉」という。因みに「北岩倉」は北白川の実相院や圓通寺がそれにあたる。「南岩倉」は河原町松原の不動院明王寺であり、「東岩倉」は粟田口蹴上辺りの観勝寺だとされるが場所も寺院名もはっきりしない。「岩倉」は「石倉」とも書き、経塚と同意である。このように意味深い寺院である。やっとたどり着いた駐車場から、さらに石段を登って本堂にたどり着くまでさらに15分ほど登る。無人の山門（写真）の下に、寄進箱があり入山料５００円を入れる。爽やかな汗をかいて程よくさびれた本堂を拝む。経典の埋蔵場所はまさにその本堂の真下になるらしい。

本堂など伽藍は江戸幕府将軍綱吉の母桂昌院の寄進により再建された。京都の八百屋の娘であったという桂昌院（お玉）は、「玉の輿」の語源となった出世の女性だが、他に、今宮神社や西明寺、乙訓寺、善峯寺などを再建している。境内には、その御廟がある。また愛宕山から「勝軍地蔵」を移転安置している。いずれも中に入れないが、それぞれのお堂の前で心を込めて拝んでこの西山のシリーズを終える。

時々山間から見える京都市内の眺めが絶景であった。本来は体力があれば小塩山の山頂にも登っておかなければならない。

第54番

西芳寺

さいほうじ

西芳寺川を渡って衆妙門へ

苔寺 各宗派の重鎮が次々に入山した寺

住所 京都市西京区松尾神ヶ谷町56
山号 洪隠山
別称 苔寺
宗派 臨済宗
開基 行基　中興 夢窓疎石
本尊 阿弥陀如来

ひとり旅オススメ度 ★

京都はひとり旅が似合う。
おすすめ一番はここだ。

西芳寺は、阪急嵐山線の松尾大社駅から徒歩15分ほどである。松尾大社の御神体である松尾山を背景に桂川の支流（西芳寺川）の橋を渡って入山する。開山は奈良時代の行基となっているので相当古いが、有名なのは中興開山である夢窓疎石だ。当初は、聖武天皇の勅願により行基が法相宗の「西方寺」という名で創建した。

その後平安時代になって真言宗の宗祖空海が、当寺の黄金池で放生会を行ったという記録が残っている。さらに、鎌倉時代には、浄土宗の法然が入り、弟子で浄土真宗の開祖親鸞も滞在している。そして、室町時代初期、臨済宗の夢窓疎石が再建したのである。現在は世界遺産に認定された特別名勝庭園が何よりも有名で金閣寺の庭園はこれを手本に作庭され、さらにそれを参考に銀閣寺の庭園も造られているので、日本の中世の庭園文化の原点と言える。

庭園見学は、本堂で写経などのお勤めを行うことが条件で、その後庭園に案内される。100種類以上の様々な苔が足元に広がる。踏まないよう注意して慎重に歩みを進める。苔は、夢窓疎石の時代にはなく江戸時代も末期になってからのことのようだ。京都は市内を脈々と流れる地下水があり、特にこの辺りは水脈が浅く、苔むすには適した環境らしい。上段の枯山水の庭には、洪隠山石組が残っていて、昔は頂上で桂川を望めたと言われる。下段の池泉回遊式庭園が苔むす庭園である。黄金池の周りを巡って行く。途中、千少庵（利休の次男）再興の「湘南亭」がある。幕末、岩倉具視がここに身を隠したことでも有名だ。一周小一時間ほどかけて歩くが、他の寺では味わえない得もいわれぬ神秘的な空間を楽しめる。

京都はやはり庭が良い。

第55番

華厳寺

けごんじ

鈴虫の音色がうれしい

住所　京都市西京区松室地家町31
山号　妙徳山
別称　鈴虫寺
宗派　臨済宗単立
開祖　鳳潭
本尊　大日如来

鈴虫の寺の石碑

石段の上には山門と幸福地蔵

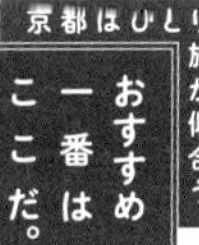

西芳寺から徒歩数分のところにある。西芳寺の帰りに行くと書けば、華厳寺には大変失礼だ。しかし事実、昔、西芳寺の近所にあるということで立ち寄る参詣者がいる程度だった。それを、鈴虫の音を通年で聞けることとありがたく面白い説法を聞けるお寺として、近年多くの参詣者で賑わう。むしろこちらを目的に団体で訪れる人も多い。

寺は、江戸時代中期、学僧の鳳潭が華厳宗復興の目的で創建した。現在は臨済宗の単立寺院である。また、山門近くの「幸福地蔵」が、願い事を一つだけかなえてくれるという。なお、親切にもＨＰでは、悩みの相談を受けている。

ものがたり「1万匹の音色」

華厳寺は、西芳寺とセットで訪れる人がほとんどだった。しかし昭和50年代になってから西芳寺が拝観者を制限すると発表した時に、その影響を心配した。当時の住職が、鈴虫の音色に「悟りの境地」を感ずるとしてその飼育を始めた。試行錯誤の結果、現在は常時季節を問わず1万匹以上が成虫となって音声を聞かせてくれる。京都の寺院の中でもユニークな集客戦略?が当たった例である。

第56番

法輪寺

ほうりんじ

京都の子供の知恵と芸事を司っている

住所　京都市西京区嵐山虚空蔵山町68
山号　智福山
別称　嵯峨の虚空蔵さん
宗派　真言宗五智教団
開基　行基・元明天皇
本尊　虚空蔵菩薩

本堂（十三参りの看板）

長い石段の先に本堂

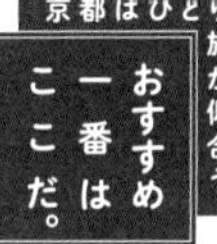

筆者はよく遠来の観光客には最初にここ法輪寺に案内し本堂横の見晴らし台へお連れする。嵐山中腹から東の方を眺めると、遠く比叡まで見渡せる。そこで市内の地形や歴史をまず説明するのである。

法輪寺は京都の子供たちに知恵を授ける重要な寺院である。開基は、奈良時代の行基だ。それにしても行基は空海と共に古代宗教界のスーパースターである。日本各地で土木工事に関わり、実に多くの寺院の開基となっている。なお、法輪寺の本尊は虚空蔵菩薩だが秘仏であるため、

ものがたり

「大人になるための『躾（しつけ）』十三参り」

平安時代の初期幼くして皇位についた清和天皇は、13歳の時にこちらにお参りし知恵を授かったという。それが「十三参り」という風習で広まったといわれる。そして現代にも続く日本の良き風習だ。

今でも法輪寺で知恵を授かった13歳の子供たちは一つの決まり事が伝えられる。それは帰り道、桂川にかかる渡月橋を渡りきるまで「振り返ってはならない」と。法輪寺境内から橋を渡るまで子供の足では15分以上かかる道のりである。自由に振舞いたい盛りの年頃の子供には過酷なルールだ。意地悪な親戚の人たちが、後ろから「〇〇ちゃん…」と呼びかける。思わず振り返ると、「もらった知恵が逃げていかはった」と茶化す。子供はだまされたと泣く。そんな光景が昔はよく見られたという。

文化財指定は受けていないが、日本三大虚空蔵菩薩の一つになっている。その虚空蔵菩薩は知恵や芸事の上達の守り仏である。興味深いのは寺域内にある「電電宮」だ。昭和31年に電気と電波の時代が来るとのことから、それらに貢献した学者や関係者を祀る神社を建立した。なんと、電気関係ではエジソン、電波関係からはヘルツが主祭神扱いされている。

京都ではエジソンもヘルツも立派な神様なのだ。

なぜ、そんな理不尽なルールを課すのか。「夜口笛を吹いたら蛇が出る」とか、「鍋を頭にかぶると背が伸びない」とかの類であり、意味はないが子供を躾けるための「教え」の一つなのだ。13歳になったのなら、もう大人だ。「ならぬことはならぬ」と、決めたことは守るのだと教える京都人の矜持でもあろう。

電々宮　エジソンが神様に

右京区編

62
嵐山高雄パークウエイ
61
162
60
広沢池
大覚寺
京福北野本線
桂川
妙心寺
66
65
小倉山
59
58
57
JR嵯峨野線
太秦
64
トロッコ嵐山
花園
63
嵐山
京福嵐山本線
太秦広隆寺

第57番

二尊院

にそんいん

あの世へ送る（発遣）もお迎え（来迎）もこのお寺で

総門

住所　京都市右京区嵯峨二尊院門前長神町27
山号　小倉山
正式名　小倉山二尊教院華台寺
宗派　天台宗
開基　円仁・嵯峨天皇（勅願）
本尊　釈迦如来・阿弥陀如来

本堂前の普賢象桜

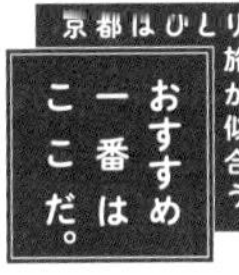

ここからは小倉山の山麓にあるいくつかの寺を巡る。二尊院はまず寺名に興味がそそられる。発遣の釈迦如来、来迎の阿弥陀如来の二つの御本尊を持つお寺である。

正式には、小倉山二尊教院華台寺という。創建は平安時代初期の天台座主円仁（慈覚大師）で、鎌倉時代に法然の高弟の湛空が再興した。小倉山方向に向かって総門を入ると有名な「紅葉の馬場」が迎えてくれる。伺った時は初夏の青紅葉だったがそれも素晴らしい。壮大な本堂の正面には二つの本尊が、左右対称に立っている。筆者など一般人にはどちらが釈迦か阿弥陀かは分からないが、向かって右が釈迦如来で来世へ送り出してくれる。左が阿弥陀如来で来世から迎えに来てくれるのだという。

土御門天皇、後嵯峨天皇、亀山天皇の三代の天皇の分骨位牌があり、皇室とのつながりが深い。後嵯峨の二人の子後伏見天皇と亀山天皇兄弟の皇位継承争いから、持明院統・大覚寺統の対立になりその後南北朝の騒乱へと続く、その原因となった3代の天皇が祀られているのが興味深い。なお、筆者が訪問した時には御本尊の前には、今上陛下・皇后陛下両殿下下賜と書いた日本酒が供えてあった（伺った時は平成時代）。

なお本堂奥の墓地には角倉了以など著名人の墓が多いので必ず立ち寄りたい。

第58番

祇王寺

ぎおうじ

清盛を囲む女性たち

住所 京都市右京区嵯峨鳥居本小坂町32
山号 高松山
正式名 高松山往生院祇王寺
宗派 真言宗大覚寺派
開基 良鎮
本尊 大日如来

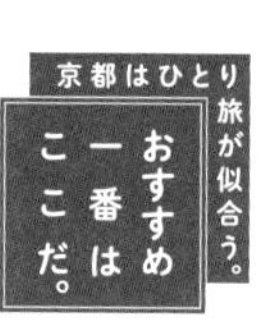

こちらの苔庭も見どころだ。

嵐山方面は、渡月橋から天龍寺前を通り竹林の中を、野宮神社から常寂光寺・二尊院と巡るのが定番の散策コースだ。途中JR嵯峨野線（福知山線）の踏切を渡る。近年、昔のアイドル歌手が線路に入り込んで自撮りし炎上したところだ。それ以

嵯峨鳥居本重要伝統的建造物群保存地区にある

来、線路に立ち入って自撮りする輩(やから)が増えたのは皮肉なことだ。二尊院を過ぎると重要伝統的建造物群保存地区の嵯峨鳥居本地区に至る。そこに祇王寺がある。因みに関係の深い大覚寺との共通券がありそれぞれ行くより200円安い。祇王寺は、その複雑な物語と神秘的な庭園が見どころである。寺の創建は良鎮というう浄土宗の僧で往生院として始めた。しかし平清盛の寵愛を受けた白拍子の祇王が出家した寺ということで歴史に名を残す。

ものがたり「遊女白拍子のドロドロ劇（死後もあの世で大変）」

白拍子とは、女性が男性の格好をし踊りや音曲を披露し場合によっては伽の相手もした高級遊女である。若い清盛は祇王という人気白拍子を寵愛する。因みに母の刀自(とじ)も有名な白拍子であった。清盛は親子ともども愛したのではないか。しかしその後、寵愛は仏御前という別の白拍子に移る。なんと仏御前は祇王の口添えによって清盛に近づいたのである。絶望した祇王はここ往生院で出家した。そのため、寺名もその頃から祇王寺と呼ばれる。堂内には、母の刀自と妹の祇女に加え仏御前の像も並んで安置されている。一時4人はそろって仏道修行に励んだと「平家物語」には記されているが、よく見るとさらになんと傍らには清盛の像もあり、地下ではどんな争いが起こっているのか心配する筆者である。

第59番

滝口寺

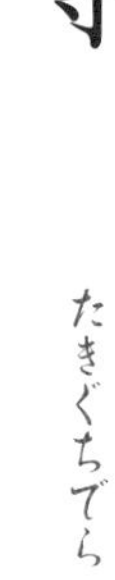

たきぐちでら

現代では理解不可能な悲恋の物語

住所　京都市右京区嵯峨亀山町10－4
山号　小倉山
旧名　往生院三宝寺
宗派　浄土宗
開基　良鎮
本尊　阿弥陀如来

ひとり旅オススメ度★★★

ものがたり

「侍の恋と忠」

滝口寺とは以下の説話による。祇王寺と同様「平家物語」に残る有名な話である。平清盛の長男重盛付きの侍、「斉藤時頼」は、西八条の清盛邸で建礼門院の女官の美女「横笛」の舞姿を見て恋に落ちる。父が気づき将来ある時頼に対して父は諦めるよう説得する。諦めきれない彼は、小松内大臣重盛へ

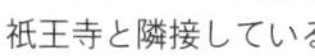

祇王寺と隣接している

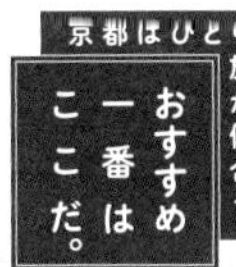

祇王寺を出るとすぐ隣にあるのが、滝口寺だ。いずれも往生院という念仏修行の大寺院の道場を始まりとしている。もとは三宝寺という。

祇王寺の賑わいに対して訪れる人はやや少ない。本堂なのか方丈なのか普通の開け放たれた建物に、滝口入道と横笛の木像が並べて安置されていた。庭を眺めながら境内を巡った。出口辺りには、太平記の主役の一人悲運の武将新田義貞と妻の勾当内侍（こうとうのないし）の供養塔があった。

明治になって、祇王寺と共に復興された時に、高山樗牛作の小説『滝口入道』に因んで滝口寺と通称した。

の信頼を裏切ることにもなり、これこそ「仏道への導き」であると悟り「出家」する。そして、滝口入道と名を変えた時頼は嵯峨野のこの地で念仏三昧の修行に入るが、ある時横笛が訪ねて来る。真の心を伝えたかったのだ。しかし修行の妨げだと面会を断る。さらに高野山へと修行の場を移す。一方、横笛も南都法華寺で尼になる。それを聞いた滝口入道は、一首の歌を送る。

そるまでは　恨みしかども　梓弓
　まことの道に　入るぞ嬉しき

横笛それに返して、

そるとても　何か恨みむ　梓弓
　引きとどむべき　心ならねば

現代の我々には到底理解できない「侍の恋と忠」の物語である。

第60番

愛宕念仏寺

おたぎねんぶつじ

一二〇〇体の修行中の羅漢さんと対話する寺

住所 京都市右京区嵯峨鳥居本深谷町2－5
山号 等覚山
別称 千二百羅漢の寺
宗派 天台宗
開基 称徳天皇
中興 千観
本尊 千手観音

山門（清滝トンネルの手前にある）

石仏たち

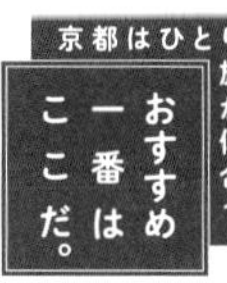

１００寺巡礼の旅もいよいよ京洛西北の果てを目指す。滝口寺からさらに北に向かうと、途中、あだし野念仏寺がある。あだし野念仏寺は、京都の葬送の地の一つ化野（あだしの）にあった無縁仏を空海が弔ったことから始まった歴史の古いお寺である。その後、法然が念仏道場にしたことから念仏寺となり、江戸時代になって再興され、明治には近隣の石仏８０００体を集めたことから有名になった。お盆には「千灯供養」が行われる。１００寺巡礼に選定したかったのだが、１０１寺では成立しないので番外として、ぜひ立ち寄って行きたい寺だ。

そこをさらに15分ほど北に歩き、隧道（トンネル）の手前に今回の「愛宕念仏寺」がある。おたぎ念仏寺と読む。苔むした石仏の羅漢様が迎えてくれるが、当地における歴史は浅い。称徳天皇というから奈良時代末期の創建であるが、当時は現在の六波羅蜜寺の辺りにあったため、鴨川の氾濫に度々襲われ荒廃していた。それを平安時代中期、天台宗の千観が復興した。しかし再び荒廃し１０００年の後、明治時代になって現在地の嵯峨野で復興を試みるが失敗し、昭和になって清水寺管長大西良慶の声掛けで本格的に復興した。その際の建設支援策で「昭和の羅漢彫り」と称して境内に羅漢さんを奉納したのだが、目標を大きく上回り１２００体と思いがけず多くになったのだ。したがって、それぞれ作者が違い素人が彫ったものなので素朴で表情豊かな羅漢さんが見られる。

普段訪れる人は少なくゆっくり本堂や地蔵堂など内部も拝観できる。本尊の千手観音像や中興の僧千観像などを間近に拝めるし、再建は昭和ながら寺の歴史を感じる寂れた感じは誠に落ち着く。羅漢様の一人一人をゆっくり眺めていると時間はあっという間に過ぎていく。訪ねた時たまたまフランス人の青年がひとりで来ていた。片言の英語でしばし会話したが、筆者は日本の仏教文化について感想を聞き出すほどの英語力を持ち合わせていないのが残念だった。羅漢さんとは、悟りの境地に至った聖人である。単にグリム童話に出てくる小人たちに見えてはないだろうか。

嵯峨野地区北限にある名刹である。

ひと「大西良慶」

この大西良慶師は、清水寺を法相宗興福寺の末寺に過ぎなかったのを、北法相宗という新しい宗派を立ち上げ独立本山にしたという大人物である。昭和の昔、徳之島の五つ子の命名をしたことでも有名だ。100歳を超えるまで辻説法を行っていた。因みに、清水寺には「中興堂」という建物がありそこに手厚く祀られている。

第61番

西明寺

季節それぞれの景色を愛でる

住所 京都市右京区梅ケ畑槇尾町2
山号 槇尾山
宗派 真言宗大覚寺派
開基 智泉
本尊 釈迦如来

清滝川を渡って訪ねる

京都はひとり旅が似合う。おすすめ一番はここだ。

ここからは周山街道を北上し洛外へ出て京の「三尾」を訪ねる。京都駅から車で小一時間、60番愛宕念仏寺からは15分くらいだ。三尾とは、高雄・栂尾・槇尾だ。高雄は「尾」でもよいが、東京の高尾山と紛らわしい。さてこの三山を別表に整理する。

この中で、今回訪ねる西明寺は神護寺の近

	高雄山	槇尾山	栂尾山
寺院	神護寺	西明寺	高山寺
宗派	高野山真言宗	真言宗大覚寺派	真言宗単立
開基・開祖	和気清麻呂・空海	智泉	光仁天皇・明恵
国宝など	似せ絵(伝頼朝像他) 薬師如来像など多数	清凉寺式釈迦如来 (重要文化財)	鳥獣人物戯画他 石水院
主な行事	虫払定(春)	柴燈護摩法会	献茶式(11月8日)
トピック	かわらけ投げ	桂昌院が再興	本茶(最古の茶園)

く、清滝川沿いの山肌に建つ。創建は平安時代初期、空海の直弟子、智泉大徳である。当初は神護寺の所属であった。度々の戦乱で幾度も焼失する。洛中から遠い槇尾のこの地にまで戦争の影響があるとはとても考えられないのだが、当時各寺院は争いの拠点になったようだ。

徳川将軍綱吉の母桂昌院の再建といわれているが、後水尾天皇の皇后徳川和子(東福門院)という説もある。西明寺はそこに行くまでの清滝川沿いのそぞろ歩きが楽しい。夏は川の流れが緩やかなところで川遊びする子供たちの歓声が聞こえる。また、秋は見事な紅葉のトンネルをくぐる。冬の寒い時でも雪が降れば写真マニアで賑わう。もちろん春から夏に向けての百花繚乱も楽しめる。山すそからかけ上るように山門を入る。狭い境内だが歴史を感じる。そして本堂内に入って本尊の釈迦如来を拝む。清凉寺式といわれる形式は、中国からの伝来でインド仏像の原像であるらしい、それを摸刻して持ち帰ったものが嵯峨清凉寺のものであり、さらにそれを摸刻したものを清凉寺式といい鎌倉時代には例が多い。

時間をかけてゆっくり境内の静寂を楽しんで次に向かうこととする。

第62番

常照皇寺

じょうしょうこうじ

史上最も理不尽に耐えた天皇が眠る

住所 京都市右京区京北井戸町丸山14－6
山号 大雄名山
正式名 大雄名山万寿堂常照皇寺
宗派 臨済宗天龍寺派
開山 光厳天皇
本尊 釈迦如来

京北の果てにある

方丈前庭園

九重桜（特別天然記念物）

京都はひとり旅が似合う。
おすすめ一番はここだ。

足を伸ばして右京区の北の果てまで行く。三尾からでも車でさらに小一時間かけてたどり着く。京都市内の喧騒から遠く離れ北山杉の山道を丹波地方に向けてドライブすることになる。常照皇寺という意味深い寺院は京都の奥座敷のさらにその果てにある。北朝初代の光厳天皇が南北朝騒乱の果てに、失意のうちに出家し創建した寺である。境内奥には、その御陵である山國陵と、後花園天皇の後山國陵がある。

見どころは、国指定の天然記念物の枝垂れ桜だ。見事な九重ざくら（九重とは天皇のこと）だが近年の気候変動で存亡の危

ものがたり「幻の天皇　光厳天皇」

常照皇寺は、光厳天皇を語らねば理解できない。そもそも筆者は、この天皇が歴代天皇に数えられていないのは理不尽と考える。明治維新後、神国日本の国づくりを推し進めるあまり、極端な皇国史観から逆賊足利尊氏、英雄楠木正成の構図を作り上げる。その過程で光厳天皇の存在がおとしめられた。光厳天皇は、後醍醐天皇から正式に三種の神器を譲り受け即位している。後に「あれは偽物であった」と、後醍醐天皇に言われたが、そんなことは関係ない。時の天皇が保持している物が「神器」なのである。1331年鎌倉幕府倒幕計画が発覚し後醍醐天皇が隠岐に流される時に、幕府の推挙により即位した。しかし、1333年隠岐を脱出した後醍醐の詔により廃された。その時、後醍醐天皇は、「朕

機と聞いている。方丈や開山堂から眺める庭園も絶景でゆっくり高縁に座って鑑賞したい。

市内から遠く離れているが天皇家の悲しい歴史を思いつつ訪ねる価値は十分ある。

おひとりがおすすめだが、遠いので道中の話し相手が欲しいところである。

の皇太子の地位を退き、皇位には就かなかったが、特に上皇の待遇を与える」とし、何と即位そのものを否定した。これをもって光厳上皇という。北朝から見れば依然として、光厳天皇の時代とも言える。後醍醐天皇の重祚（再び天皇になること）と考えるか、隠岐流罪の間も天皇であったと考えるか。いずれにしても後醍醐天皇に続き、97代天皇とすべきであろうと筆者は考える。光厳天皇は長い上皇時代に、「観応の擾乱」による一時的な南朝方の権力回復により、吉野に幽閉されている。そのように誠に理不尽な人生であった光厳上皇は、晩年夢窓疎石を師とし禅僧として修行して、京都の奥深いここに眠った。

常照皇寺に残る「光厳法皇像（絵画）」は禅僧そのもののお顔である。

第63番

広隆寺

こうりゅうじ

秦氏と聖徳太子ゆかりの古い寺

住所　京都市右京区太秦蜂岡町32
山号　蜂岡山
別称　蜂岡寺　秦公寺　太秦寺
宗派　真言宗単立
開基　秦河勝
本尊　太子像

山門の前に嵐電の線路

御火焚祭の様子

境内の紅葉

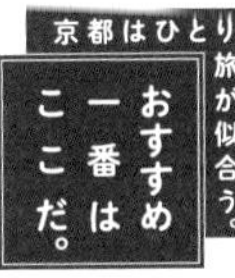

京福電鉄嵐山鉄道、通称「嵐電」本線の広隆寺駅の前に大きな山門が見える。嵐電は京都の街並みにすっかり溶け込んでいるので、古風なお寺の前を電車が横切っていても全く違和感なくむしろ京都の風物詩とも言える。沿線の重要寺院を巡るように走るので路線図の駅名を眺めるだけでワクワクする。

さて、おひとり様を推奨するこのシリーズでは大寺院である清水寺や東寺などは取り上げず、一般にはなじみは薄くても重要な寺院を中心に書いている。ただ今回の広隆寺は誰もが知る大寺院である。国宝指定第1号の弥勒菩薩半跏像で有名だし、言うまでもなく聖徳太子創建の太子信仰の中心寺院である。現在の本尊は、その太子像となっている。しかし開基は秦河勝という人物であることはあまり知られていない。秦氏の事実上の祖である。太古の日本は秦氏をはじめとする高麗氏、小野氏、土師氏、八坂氏などの唐や半島からの渡来人の高い技術のお陰で発展した。中でも秦氏は織物の技術などを伝授すべくここ太秦地区を中心に山城地域の開拓に貢献した。太秦「うずまさ」は、うずたかく積み上げられた織物を表す言葉である。おそらく中国や朝鮮半島の政争に敗れ苦難の末、日本に渡って来たのであろう。結果的に、古代朝廷の発展に貢献したのだ。その秦氏と聖徳太子との深い関係が伝わるのが広隆寺である。

本堂奥の「霊宝殿」に安置される国宝仏像の豊富さに驚く。展示されないものも含めると、9個の国宝、34個以上の重要文化財を保有する。詳しい由来はさて置いて講堂中心仏の阿弥陀如来坐像の存在感や弥勒菩薩の美しさにしばらく浸っていたい。

その後、御火焚祭の方にまわって、写真にあるように「御利益」を頭に頂いて、帰路についた。このように京都の寺はなるべく重要行事に合わせて訪ねて行きたい。因みに、こちらの境内社の大酒神社では、京都三大奇祭の一つ「牛祭」がある。

神秘的で不思議な祭で、ぜひ見てみたいと思うが、残念ながら現在は行われていない。

行事「聖徳太子御火焚祭」

今回訪問したのは、11月22日、御火焚祭の日であった。

その日は、聖徳太子の御命日ということで、太子への供養と信者たちの願いを込めて護摩木を燃やして、祈祷を行う。ちょうど紅葉の季節の真っただ中で、境内の鮮やかな紅葉も同時に楽しめる。昼過ぎに本堂では丁重な法要が行われる。その後、貫主を先頭に山門の前に移動し備えられた護摩壇に火が点けられる。注目すべきは、その際の修行僧たちの所作の美しさと、女性貫主様の神々しいお姿である。古代の尼御前の醸し出す清廉な美しさはこのようなものであったかと思う。そしてその日だけ秘仏の聖徳太子像が御開帳される。本堂での読経の後、順番に一人一人戒壇内に通してもらう。童形の太子像は普段閉じられているので鮮やかな彩色も残っている。その感動だけでもこの日訪ねる価値がある。

第64番

法金剛院

ほうこんごういん

白河上皇に翻弄された悲運の美女待賢門院が眠る

住所　京都市右京区花園扇野町49
山号　五位山
宗派　律宗
開基　待賢門院璋子
本尊　阿弥陀如来

入口

ハスの花咲く境内

広い右京区の中を一気に中心地に戻る。JR花園駅のすぐ前、妙心寺三門の西南へ数分のところにある法金剛院へ向かう。

法金剛院は待賢門院の創建となっているが、平安初期の高級貴族清原夏野の別荘を文徳天皇の発願により天安寺としたものを、後に待賢門院が法金剛院としたものだ。国の特別名勝庭園には蓮の花が咲き、日本最古の人工滝の跡である「青女の滝」がある。

しかし、見事なのは本尊の阿弥陀如来坐像である。この阿弥陀様の前で晩年の待賢門院が、どのような気持ちで過ごしたのか。

筆者も仏前に腰かけて異常な宮廷事情を想像してみた。なんだかそれも良いか、と思えた。

ひと「待賢門院」

待賢門院は魔性の女性といってもいい。第72代白河天皇の子を宿し第74代鳥羽天皇の中宮でありながら、第75代崇徳天皇の母となり、さらに鳥羽天皇との間に第77代後白河天皇を産み国母と呼ばれた。

小説『天上紅蓮』（渡辺淳一氏）にはその間の描写がフィクションとは言え生々しい。まだ女性としての兆しが訪れる前から白河天皇と同衾し、白河の孫の鳥羽天皇に差し渡された後も白河と逢瀬を繰り返し、月経の周期まで調べて後の崇徳天皇をはらんだ。その間、鳥羽天皇には添い寝はしても交合は許さなかった。手淫により処理された鳥羽天皇はどんな気持ちであっただろうか。

（以上小説をもとに想像）

第65番

退蔵院

たいぞういん

国宝瓢鮎図を鑑賞しもの思いに耽る

住所　京都市右京区花園妙心寺町35
寺格　妙心寺塔頭
宗派　臨済宗妙心寺派
開基　波多野重通、無因宗因（開山）
本尊　観世音菩薩

方丈入口

元信の庭

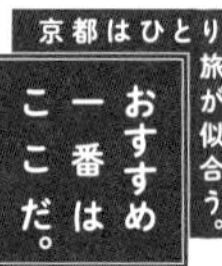

嵐電の帷子ノ辻（かたびらのつじ）駅で、本線から北野線に乗り換えて妙心寺駅に向かう。また、京都駅からはJR嵯峨野線花園駅のすぐ前だ。法金剛院からもほど近い妙心寺は、臨済宗の大本山の寺で、五山の下だが「算盤面」の名の通り多くの塔頭寺院を持ち、山内はあたかも寺内町の様相である。南総門から入りまずは仏殿を挟んで西側の退蔵院を訪ねる。

退蔵院は妙心寺塔頭の中ではトップクラスの格式と敷地を誇る。創建も古く、妙心寺創設後すぐの室町初期である。如拙作の日本最初の水墨画と言われる「国宝・瓢鮎図」があまりにも有名だ。方丈の前に広がる庭園も素晴らしい。西側の「元信の庭」は枯山水の石組の豪快な庭だ。暫く瞑想する人も多い。そして昭和の名園「余香苑」に行く。京都では重森三玲が有名だがここは中根金作の作庭だ。門を入ると紅しだれ桜の見事な枝が迎えてくれる。春の満開時に訪れればどんなだろうと想像する。そして左に「陽の庭」、右に「陰の庭」とコントラストが楽しめる。瓢鮎図を意識したのだろうか「ひょうたん池」と命名された池の周りを巡る池泉回遊式の庭園には、湧き水が流れ込む、その水落の音が耳に心地よい。なお、瓢鮎図は禅の公案を示すものであり、小さな瓢箪で大きなナマズをどうして捕まえるか？　31人の高僧が大真面目に答えている。

第66番

東林院

とうりんいん

沙羅双樹の庭「諸行無常の響きあり」

住所　京都市右京区花園妙心寺町
寺格　妙心寺塔頭
宗派　臨済宗妙心寺派
開基　山名豊国　**創建**　細川氏綱
本尊　観音菩薩

入口には「沙羅双樹の寺」と

本堂前の庭園

妙心寺塔頭をもうひとつ訪ねる。東林院は、妙心寺境内の東の端にひっそりと建っている。普段は非公開だが宿坊として運営している。また、泊まらなくても精進料理の昼食がいただける。拝観のお目当ては「沙羅双樹の庭」である。沙羅双樹はお釈迦様が入滅した時、一斉に花開いたと言われる。一瞬に咲き一瞬に散ることで諸行無常の象徴となっている。水の流れ、祇園精舎の鐘の音とともに平家物語の冒頭の文章で無常を物語っている。

創建は細川氏綱で「三友院」として始まり、その後開基とされる山名豊国が「東林院」と改め、それから山名氏の菩提寺として続く。「沙羅双樹の庭」以外にも、「千両の庭」や「飛龍の宿り木」など狭い方丈内だが見どころは多い。

パンフレットには、「ただぼんやりする　何もしない贅沢があります」と書いてある。ひとりで味わう無上の贅沢だ。

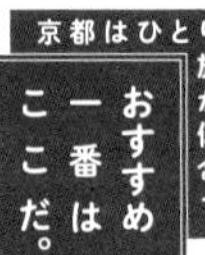

北区編

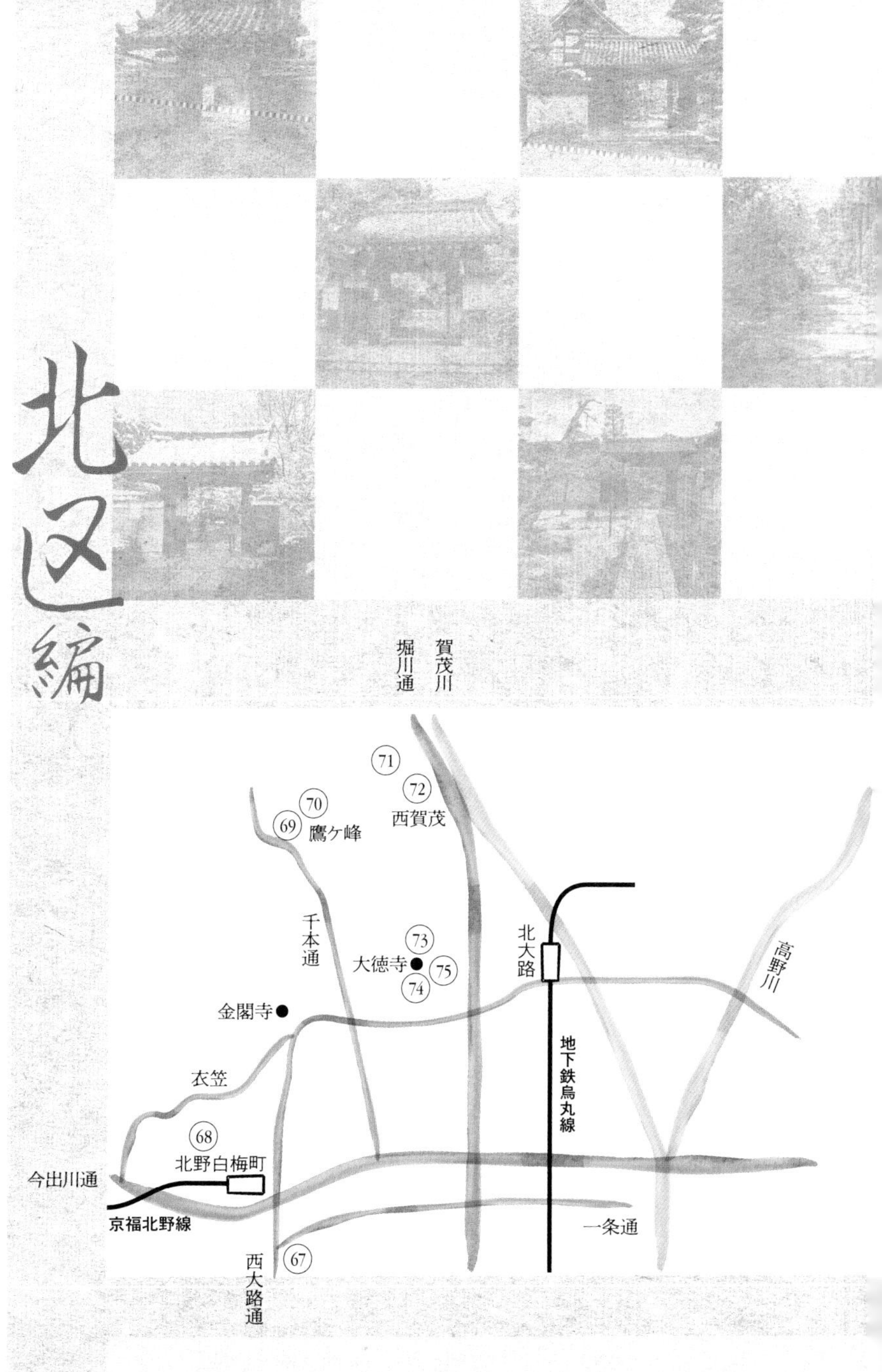

賀茂川
堀川通
71
72
西賀茂
70
69
鷹ケ峰
千本通
73
大徳寺
75
74
北大路
高野川
金閣寺
地下鉄烏丸線
衣笠
68
北野白梅町
今出川通
京福北野線
一条通
西大路通
67

第67番

椿寺 地蔵院

つばきでら じぞういん

別称椿寺「落ちてなお 未練を残す 椿かな」

住所 京都市北区大将軍川端町2
山号 昆陽山
別称 椿寺
宗派 浄土宗
本尊 五劫思惟阿弥陀如来

西大路通からすぐ

五色八重の散り椿

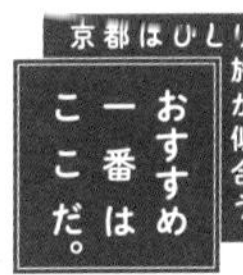

京都には似た名のお寺が多い。地蔵院もいくつかあり西京区の苔寺近くにも地蔵院はある。通称竹の寺と呼ばれていて竹林の奥深く趣深い庭園のある名刹だ。そして、こちらの地蔵院は椿寺と呼ばれる。

もとは摂津国にあったものを平安時代に衣笠山に移し、室町時代の焼失時には足利義満が金閣寺建設の余材を使って再建している。その後秀吉の寺町政策により現在地に移る。洛陽33か所観音霊場巡り30番札所でもある。御所の西から始まる一条通が、北野天満宮の正面（御前通）あたりから大きく斜行し西大路通に至る。その途中にある小さなお寺だ。

境内には大きな椿の木があり「五色八重の散り椿」という。椿は咲いたまま花びらだけぽとりと落ちるので、斬首のイメージから武家には嫌われる。落ちてもなお花びらが咲いたように見えるので、退職後のサラリーマンを読んだ筆者の名句

「落ちてなお　未練を　残す　椿かな」を紹介しておく（笑）。

しかしここの椿は珍しく花びらを一枚ずつ散らす。また、忠臣蔵で有名な、天野屋利兵衛の墓所でもある。

近くには、北野天満宮や近年有名になった大将軍商店街一条妖怪ストリートがある。

第68番

等持院

とうじいん

きぬかけの路を行く

住所　京都市北区等持院北町63
山号　萬年山
宗派　臨済宗天龍寺派
開基　足利尊氏
本尊　釈迦牟尼仏

入口

池の向こうには茶室「清漣亭」

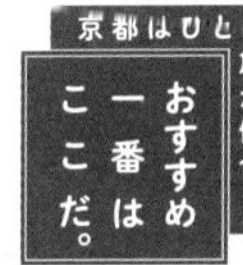

衣笠から龍安寺前を経て仁和寺に至る道を「きぬかけの路」という。宇多天皇が夏に雪景色が見たいと言うので、山を白絹でおおいそれを衣笠山と呼んだという故事に因んでつけたものだ。天皇とはいえ我儘が過ぎると思うのは筆者だけか。そのきぬかけの路の立命館大学衣笠学舎のすぐ裏に、等持院がある。

等持院は、足利尊氏の菩提寺として有名だが、三条坊門にあったとされる等持寺との関係には諸説ある。尊氏が建立した等持寺の別院が現在の等持院であることは間違いないが、等持寺は弟直義と深く関わりがあるため、喧嘩別れした舎弟の歴史を抹殺した可能性がある。近年の「室町ブーム」で専門家の研究が進むと面白い話が出てくるかも知れない。さて、難しい話はさて置いて等持院の見どころは、庭園と歴代足利将軍の木像だ。そして多くの有名人の墓地であることだ。

方丈から庭園へは直に降りて回遊できる。その前にまずは、縁側で抹茶接待を受け、甘い菓子と渋い抹茶を頂きながら、「心字池」「芙蓉池」と茶室「清漣亭（義政好み）」を眺める。見事に整備された絶景である。その後庭園に降りて散策する。宇多天皇ゆかりの衣笠山を借景にした趣向を凝らした名園だ。

その後霊光殿に入る。薄暗いお堂の中には歴代の足利将軍の木像がずらり並んでいる。初代尊氏から15代最後の将軍義昭まで並ぶ。ただし5代と14代が抜けている。5代将軍義量は4代義持の長男で父の生前に譲位されて将軍になったが、大酒飲みで親より先に死んだため、籤で選ばれる6代義教まで将軍空位の時代を招いてしまう。また14代義栄は、13代義輝が「永禄の変」で戦国時代最強の策士「松永久秀」に殺害されたために傀儡将軍にされ、そのため朝廷から室町将軍として正式に就任したか疑わしい。そのためか二人の木像はない。そして正面には、徳川家康の木像も安置されている。源氏の正当な後継者として無理やり系図を作成し足利家を継いで徳川家が武家（源家）の頭領であるとした。それを家康は強調したかったのだろうか。

しかしそのため、幕末にはとんでもないことが起こる。尊氏、義詮、義満の三代将軍の木像の首が斬られ鴨川の河原に晒される。「足利三代木像梟首事件」として幕末の象徴的事件となる。京都守護職松平容保は、幕府への反乱と考え、即刻犯人を逮捕し処刑している。さらに明治維新以降は皇国史観の中で足利家自体が国賊扱いされていく。

そのような等持院の重い歴史を考えながら帰路につく時、振り返ると日本映画の父、マキノ省三氏の銅像が見送ってくれた。等持院墓地には映画関係者の墓が多いのである。

第69番

源光庵

有名な「迷いの窓・悟りの窓」

禅の窓・忠臣鳥居元忠の血天井を見る

住所　京都市北区鷹峯北鷹峯町47
山号　鷹峰山
正式名　鷹峰山寶樹林源光庵
宗派　曹洞宗
開基　徹翁義亨
本尊　釈迦如来

ここからは特にひとり旅にふさわしい北区鷹峯を巡る。この辺りは、昔光悦村と呼ばれていた。江戸時代初め京都の芸術家の頭目である本阿弥光悦は、家康からこの地を拝領し一大芸術村を構築した。今回の源光庵の近くには、光悦寺と常照寺という寺院があるがいずれも本阿弥家の寺である。

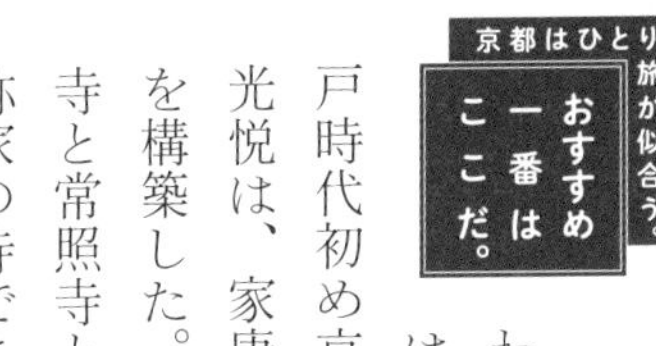

光悦寺の入口

光悦寺の方は、光悦の死後その庵を寺にしたもので多数の茶室と庭が楽しめる。筆者は、そのエントランスに注目したい。幅1mほど奥行き数十mの紅葉のトンネルを山門に向かう参道は、京都一の寺院エントランスだと豪語している。

ものがたり「血天井」

もうひとつ注目してもらいたいのは、「血天井」だ。関ケ原の戦いに至る前段階で、家康は京都伏見城を出て奥州の上杉征伐に出かける（実は反石田勢力を徳川に味方させるため）。したがって、その留守中に石田三成一派が伏見城を攻めることが予想された。留守居役の鳥居元忠の役目はただ一つ、時間を稼ぐことだった。主力の兵を残そうとした家康に対して、「天下をお取りになる殿のために…」と、残兵は最小にするように進言した。彼は家康からの感状（戦場の手柄を後日保証するため、その場で部下に渡す書状）を、私と殿との関係でそんな形式は不要だと拒んだくらいの忠臣である。そ

さて訪ねる寺は、源光庵だ。数年前に「そうだ京都に行こう。」のキャンペーンで紹介され一躍人気寺院になった。丸い「悟りの窓」と四角い「迷いの窓」を通じて眺める四季の移ろいが楽しい。○は、拘りのない宇宙であり純粋な悟りを表し、□は、「生老病死」という人の根本的苦悩を表す。本堂右横の庭園に向かってこの窓があり、そこに座ったり寝転んだり日がな一日過ごす。まさに至福の時間だ。秋の紅葉が一番人気だが、寒いけれど雪景色も一層趣深い。寺の創建は室町時代で当初、臨済宗大徳寺派だったが、江戸時代に曹洞宗に改宗した。京都には数少ない曹洞宗寺院である。北山を借景とした枯山水庭園の苔むした趣が良い。「稚児の井」という古井戸からは今でも名水が汲める。

の元忠はすでに死を覚悟していた。事実数十倍の三成勢に対して十二分に時間を稼ぎ、関ケ原での家康勝利を実現させた。

後日、伏見城に戻った家康は、元忠はじめ自害した部下を丁寧に葬るが、床板にしみ込んだ血の跡は取れず、そのため床を天井板にして長く弔うこととした。その天井板を使った寺院が京都に数か所ある。七条東大路の養源院、西賀茂の正伝寺（71番で写真あり）、宇治の興聖寺（33番）、三千院近くの宝泉院（81番）、そしてここ源光庵だ。

生々しいその血痕を見上げてほしい。ぞっとする（怖）。

第70番

常照寺

じょうしょうじ

山門は吉野大夫寄進吉野門「赤門」

現世に未練を残す吉野大夫のゆかりの寺

住所　京都市北区鷹峯北鷹峯町45
山号　寂光山
別称　鷹峰檀林
宗派　日蓮宗
開祖　日乾・本阿弥光瑳
本尊　三宝尊

京都はひとり旅が似合う。
おすすめ一番はここだ。

常照寺は、本阿弥光悦の子の光瑳（こうさ）の創建である。しかし有名なのは、江戸時代伝説の遊女吉野大夫ゆかりの寺であることだ。遊女とはいえ大夫クラスになると芸能に長けた文化人である。吉野大夫は豪商灰屋紹益に身請けされたが、若くして亡くなった。美人薄命の典型である。入り口の山門は吉野門といわれ、大夫の寄進であり今でも朱色が鮮やかに残る。また、境内奥の茶室には「吉野窓」といわれる底辺がやや欠けた丸窓がある。完全な悟りの境地ではなく未だ俗世間に未練を残す女の情念が表されている。

本堂正面には「鷹峰檀林」と大きな扁額がかかっている。実質開基の日乾（日蓮宗）がここを檀林（学寮）とした。今でいう学校である。「檀」とは、栴檀、白檀の檀であり香しい植物のことのようで、檀那の檀も同じ漢字だ。梵字で「ダン」を表す文字としてよく使われる。一方、「壇」は、土を盛った拠点のような意味で、天壇など地名に多く出てくる。壇蜜は「壇」。檀ふみ・檀れいは「檀」なのだ。因みに、「庵」は「菴」でも良いが表千家の茶室「不審菴」だけは「菴」でなければいけない。また京都岡崎の山縣有朋の無鄰菴の菴もそうだが「隣」は「隣」でも「鄰」でも良い。さらに斎藤の斎は、それぞれ本人に聞かなくてはならない。今熊野は新熊野でも（いまくまの）と読む…。話は尽きない。

以上、読者には関心がないことを書いた（泣）。ひとり旅のみならずひとり言にも飽きずにここまで読んでいただいたことに感謝しつつ次へ行こう。

第71番

正伝寺

しょうでんじ

「感じたままを感じるのだ」禅の心を学ぶ

住所　京都市北区西賀茂北鎮守菴町72
山号　吉祥山
正式名　吉祥山正伝護国禅寺
宗派　臨済宗南禅寺派
開基　東巖慧安
本尊　釈迦如来

なだらかな坂道の参道

「方丈」天井には血が！

鷹峯から坂道を降りて、途中「お土居跡」を横に見ながら、玄琢下の交差点を北へ紫竹通を車で5分ほど行けば、正伝寺山門に至る。「お土居」とは、秀吉が京都洛中を防御するために造った広大な堤である。市内には数か所その形跡が窺えるところがあるが、この辺りが北限ではないかと思う。「玄琢」とは、江戸時代初期の医師であり医学研究者の野間玄琢の居住地であったためについた地名だ。特に徳川家光の疱瘡を診察し治したことで有名になった。映画「柳生一族の陰謀」（主役萬屋錦之助）では、家光役の松方弘樹があばた顔で演じていたのが印象的だった。「夢じゃ夢じゃ、夢でござる」の萬屋錦之助の名セリフが記憶にある。やや脱線した。

話は、正伝寺であった。正伝護国禅寺という正式寺名を持つ格式の高い臨済宗寺院である。創建時は、烏丸今出川にあったがすぐ現在地に移る。秀吉から家康の時代には塔頭も多く広大な敷地であったようだが、現在は山門から本堂へ数百mほどの上り坂に往年の繁栄は感じない。建造物は一番奥の「鐘楼」と「本堂」までほとんどない。本堂直前の坂道はやや急だが、そこまではなだらかな上り坂を10分くらい歩く。見どころは、庭園と血天井だ。庭園は枯山水とはいえ白砂とサツキで表す「獅子の児渡しの庭」というこじんまりしたものである。7、5、3の刈込で河を母獅子が児獅子を渡す故事を表しているそうだ。

以前、住職にその由来を詳しく聞こうとしたら、「喝！　そんな小難しいことはどうでも良い。感じたままを感じるのだ…」と一喝された。ならばはるか東方向に見える比叡山の山並みを借景にした風景を堪能することとする。

血天井の説明は源光庵で書いたが、こちらは自決した姿が想像できるなかなか生々しいものだ。また襖絵は狩野山楽の作と言われ重要文化財だが、必見は「写経の観音様画像」である。本堂正面左の壁一面に慈悲深い観音様の画像が掲げてある。そして、前の机に虫メガネが置いてある。「何々？」と手に取って画像を見ると、描かれた線はすべてお経であった。米粒以下の小さい文字で延々と観音様が描かれていて、遠目には何の違和感もなく画像に見える。絵画のすばらしさに加え写経への根気には驚嘆しかない。先代か先々代かの御住職が描いたもののようだった。京都の寺院はこのように行く度に新たな発見があるものだ。

もう一度庭と対面しひとり物思いに耽る。再び背後から「喝！」が聞こえて来そうだ。

第72番

神光院

じんこういん

雪の山門「厄除弘法大師道」

京都三弘法の一つ

住所　京都市北区西賀茂神光院町120
山号　放光山
宗派　真言宗単立
開基　慶円
本尊　空海像

京都はひとり旅が似合う。おすすめ一番はここだ。

正伝寺から紫竹通を南に車で10分ほどで神光院に着く。京都に空海ゆかりの寺院は多くある。特に「京都3弘法」として、東寺（教王護国寺）、仁和寺、そして神光院の3寺院は特別扱いである。しかし、創建は一番新しく鎌倉時代の1217年（建保5年）で、空海の活躍した平安初期からは400年後のことなのだが、本尊が空海自刻の弘法大師像なので地元では親しく「西賀茂の弘法さん」と呼ばれている。境内は自由に入れるが拝観寺院ではないので本堂など建造物には立ち入りできない。

山門横には「厄除弘法大師道」という大きな石碑があり門を入ると、すぐに小さな池と庭園がある。また、茶室「蓮月庵」と大田垣蓮月ゆかりの石碑（「蓮月尼旧栖之茶所」と彫られてある）などが見学できる。江戸時代末期の女流歌人大田垣蓮月は晩年ここで隠棲したことで有名。歌碑「やどかさぬ　人のつらさを　なさけにて　おぼろ月夜の　花のしたふし」は、ここにある。本堂は左手奥にあるが、外から手を合わせる。

なお、7月の「きゅうり封じ」は重要行事だ。同じ空海ゆかりの蓮華寺でも有名だが、こちらでも土用の丑の頃に、キュウリで体の悪いところを撫でて奉納すると、僧が秘伝の祈祷をしてくれる。秘伝というからどのようなまじないが施されるのか分からないが、ここから暑い夏に向けて伝染病や夏バテに打ち勝つように庶民の願いを受けとめてくれるのだろう。一説には、空海自身がキュウリが嫌いで、それに悪い厄をすべて託そうとしたとも伝わる。

京都では季節の節目々々には重要な行事が行われる。新型のウイルスで日本中が閉塞感におちいっている今こそ神仏の御加護を望む。そして厄払いなどの重要行事は中止せず実行し続けてもらいたい。

第
73
番

大仙院

だいせんいん

国宝の方丈を持つ

大徳寺塔頭で一番の格式

住所 京都市北区紫野大徳寺町54－1
寺格 大徳寺塔頭
宗派 臨済宗大徳寺派北派
開基 古嶽宗亘
本尊 釈迦牟尼仏

京都はひとり旅が似合う。
おすすめ一番はここだ。

大徳寺は誰でも知っている巨大寺院だ。北大路通の堀川と千本通の中間あたりなので、京都駅からバスで40分、タクシーなら20分ほどで着く。境内は自由に通行できる。京都市内ではよくある光景だが、地元の人には生活道路でもあり堀川通方面から紫野高校などへは大徳寺内を通り抜けるのが近道である。上品そうな女

塔頭寺院	創建・所縁	茶室	書院	文化財	その他
大仙院	古嶽宗亘		方丈（国宝）	大燈国師墨蹟	特別名勝庭園
黄梅院	春林宗俶	昨夢軒		雲谷等顔の襖絵	
高桐院	細川三斎	松向軒	意北軒	李唐「山水図」	袈裟型の手水鉢
孤篷庵	小堀遠州	忘筌席	直入軒		露結の手水鉢
聚光院	茶道三千家	閑隠席・枡床席		狩野永徳・松栄	百積の庭
真珠庵	一休宗純	庭玉軒	通僊院	長谷川等伯	
龍光院	黒田長政	密庵		密庵咸傑墨蹟	耀変天目茶碗（国宝）

主な塔頭寺院を整理する。

子高生が寺院の境内を笑顔で通り抜けるのはほほえましい。

その塔頭で一番の格式は大仙院だ。大徳寺北派の総師で本堂方丈は国宝である。大徳寺では最古の客殿遺構で創建当時の姿をとどめている。「玄関」とか「床の間」を有する建造物では国内最古である。庭園も国宝扱いで国の特別名勝に指定されている。枯山水庭園は禅の心を表す奥深いものだが、本稿はそれを語るのが目的ではない。尾関宗園和尚あたりから「喝」が入るだけだ。

このお寺での楽しみは、尾関宗園先生にお会いできることだ。若くして大徳寺の管長に抜擢された宗園先生は恩酬庵で紹介した一休さんにイメージがダブる。今回、思い切って人間の本質とは？と、問いかけてみた。有名な方だ。高僧にもかかわらず下ネタにも興ずるきさくな漢詩を例えに滔々と説明してくれた。師の博識が分かった。しかし残念ながら筆者の知能が追い付かず長時間にわたって諭していただいたのにもかかわらず、漢詩の記憶も問いに対する答えも覚えていない。「禅」とは常人には理解不能な世界なのか。喝（泣）

第74番

聚光院

じゅこういん

茶道三千家ゆかりの寺

住所　京都市北区紫野大徳寺町58
寺格　大徳寺塔頭
宗派　臨済宗大徳寺派
開基　三好義継
開祖　笑嶺宗訢
本尊　釈迦如来

茶道三千家ゆかりの寺

通常拝観謝絶

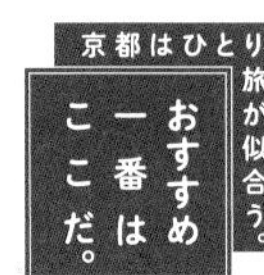

大徳寺は、山門である金毛閣など自由に眺めることはできるが、塔頭寺院については、拝観できる寺院が受付で表示されている。大体の寺院が拝観できないので注意して行く。なお、「大徳寺の茶面（ちゃづら）」と呼ばれるように塔頭にはほぼ全部に茶室がある。建仁寺は「学問面」、妙心寺は「ソロバン面」、南禅寺は「武家面」など、それぞれの特徴を言い表している。境内最北にあるのが、芳春院、加賀前田家の寺だ。実質の創設者前田利家の妻まつの法名が寺院の名前になっている。その南に大仙院。さらに南西方向に聚光院がある。寺名は三好長慶の法名であり三好家の菩提寺だが、茶道三千家の墓があることで有名だ。重要文化財の茶室「閑隠席」の一室は利休自刃の部屋とも言われる。また、方丈庭園は利休が石組をしたもので「百積の庭」という国の重要文化財に当たる名勝庭園である。注目は狩野松栄・永徳親子の国宝指定の絵画の数々だ。永徳の「花鳥図」「琴棋書画図」、松栄は「瀟湘八景図」などを残す。

残念ながら通常拝観謝絶となっている。門の前に立っただけでも凛としたたたずまいに威厳を感じる。それもまたよし。

第75番

真珠庵

しんじゅあん

悪いことはするな

住所 京都市北区紫野大徳寺町52
寺格 大徳寺塔頭
宗派 臨済宗大徳寺派・真珠派
開基 一休宗純
創建 尾和宗臨
本尊 十一面観音

茶室 「庭玉軒」が有名

史跡及び名勝真珠庵庭園という碑が

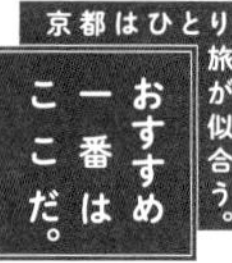

真珠庵は、おなじみの一休宗純を開祖としている（創建は弟子たち）。一休さんは、トンチで有名だが実は大徳寺を復興させた功績が大きい。

真珠庵も茶室と庭園が見どころだ。茶室は金森宗和好みの「庭玉軒」といい、庭園は侘茶創設者の村田珠光作と伝わる「七五三の庭」だ。禅の極意を表す七五三の石を配置した枯山水庭園である。また国宝の「大燈国師墨蹟」を有する。さらに真珠庵の凄いのは重要文化財の豊富さである。画僧墨渓や長谷川等伯の襖絵など国宝級のものが多い。また、一休禅師ゆかりの墨蹟・絵画・木像などあり時々一部を公開している。一休さんの墨蹟で「諸悪莫作衆善奉行（しょあくまくさしゅぜんぶぎょう）」は、悪いことはするな、良いことをせよという意味らしい。「そんなことは分かっています」と弟子が言ったら、一休さんが**「喝！　わしは未だにできていない」**と言った。先年特別公開日があり行ってみたら、「釣りバカ日誌」の北見けんいち氏の漫画や、テレビゲームのアートディレクターのイラストなど現代芸術の襖絵が公開されていた。たまに、本来の襖絵の修復中などに現代作品の展示に使われることがある。まさに「今風」だが、なぜか古刹の方丈にも相応しく見えた。古風な風景と共に楽しんだのだった。

これからは良いことをして生きていきたい。さて、何をするか。喝。

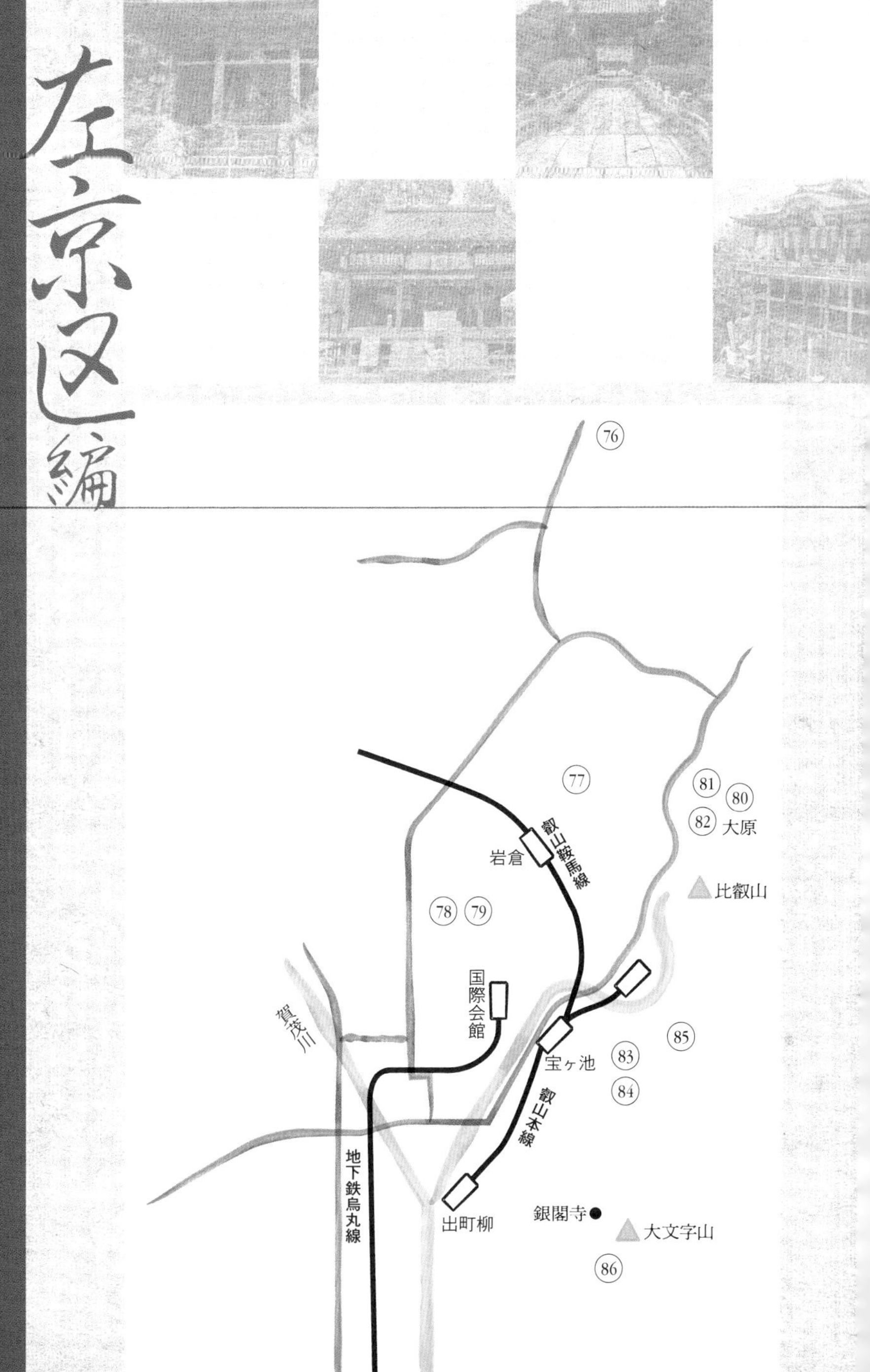
左京区編
76
77
81
80
82
大原
叡山鞍馬線
岩倉
比叡山
78
79
国際会館
賀茂川
85
83
宝ヶ池
84
叡山本線
地下鉄烏丸線
出町柳
銀閣寺
大文字山
86

第76番

峰定寺

ぶじょうじ

修験者のお寺、手荷物を預けて一人岩場を登る

住所　京都市左京区花背原地町772
山号　大悲山
宗派　本山修験宗
開基　観空西念
本尊　十一面千手観音座像

ひとり旅 オススメ度 ★★★

山門をくぐると見上げるように岩場が迫る

京都はひとり旅が似合う。
おすすめ一番はここだ。

　ここからは左京区に入るが、まずは京都市内の北東の果てにある峰定寺に行く。このシリーズでは西北の金蔵寺、東南の金胎寺・笠置寺と共に難所と言える。市内の中心通り烏丸通をまっすぐ北に上がりドン突きを鞍馬街道に入りさらに北上する。市内から車でここまで30分ほどだが、さらに小一時間山道を行く。京都は北部に通じる街道が3つあり鯖街道とも言わ

れる若狭街道は、大原を経て日本海まで行く。また周山街道は高雄・栂尾・槇尾を経て京北に行く。今回の鞍馬街道は、鞍馬・由岐神社などを経て美山に行くが、そのまま周山街道にも通じる。こちらは程よいドライブコースだ。

さて、峰定寺へ到着。山門横の方丈に受付があり住職の奥さんが説明をしてくれる。こちらは修行の場なので、財布以外の持ち物はここで置いて行ってもらいますと、毅然とおっしゃる。特に携帯は写真を撮ることが禁止なので必ず出してくださいと言われ、巡礼用のズタ袋を渡されそこに財布だけ入れて杖を2本借り覚悟の上、山門を目指した。登り降りに30分、本堂前で瞑想を10分して戻るようにとのご下命だ。1時間以上経っても戻らなければ救助に向かいますと言う。呼吸を整えお経を唱えながら岩場を登る。確かに修行だ。息が上がったところで鐘楼堂にたどり着き鐘を一度だけ突く。あとで聞いたところ熊が出るので警告の鐘なのだそうだ。さらに息も絶え絶えになった頃、見上げると懸崖造りの本堂が見える。清水寺の舞台と同じ見事に組み上げられた柱が見えた。一瞬疲れも消えて、本堂に上がり舞台から眺めた景色は絶景だ。山並みが遠くまで見通せて、背後には切り立った崖が迫り、すぐにここが修行の場だと分かる。本堂内は見えないが厳かな霊気が漂う。舞台右奥の神仏に供える水が湧き出る有名な井戸「供水所」を見る。現存最古の閼伽井屋の遺構である。本尊は十一面千手観音座像で、鳥羽上皇が皇后待賢門院に似せて彫らせたという。その妖艶な姿は現在は下の収納庫の中だ。祖父白河上皇と孫鳥羽天皇の二人の天皇に愛された悲劇の美女とはどんな姿だったのか、夢想しながら舞台の高縁に座る。澄んだ空気がご褒美だ。しばし瞑想し深呼吸する。瞑想していると世界を独り占めしている感覚に襲われる。秘境の寺院を訪ねる至福の時がこのような瞬間だ。やはりひとり旅が良い。

救助が来ないうちに下に降りることにした。しばし住職の奥さんと歓談する。創建は平安時代末期の修行者の三瀧上人（観空西念）で、その後、鳥羽上皇の勅願を得て堂宇が整った。金胎寺と同様奈良県の大峰山と並び北大峰とも言われる修行の地である。また、政争で敗れた重要人物の隠里でもあった。途中、鹿ケ谷の陰謀の首謀者俊寛和尚の眷属の供養塔があった。奥さんは話相手が欲しかったのかずっとしゃべってくれる。冬は3～4mの積雪になるのだそうだ。そのような中で歴史的寺院を維持する苦労を語ってくれた。さらに、近くにミシュラン5つ星の高級料理旅館ができて流行っていることも教えてくれた。

寺宝である仏像群の話や有名なご神木である「三本杉」の話などお聞きしているとキリがないので十分に感謝の意を表明し退散した。下山中も心地よい空気が御馳走だった。それこそが筆者には十分に5つ星である。

第77番

実相院

じっそういん

ひとり床もみじを見に行く

住所　京都市左京区岩倉上蔵町121
山号　岩倉山
別称　岩倉門跡・実相院門跡・岩倉実相院
宗派　天台宗単立
開基　静基
本尊　不動明王

山門（四脚門）

庭園

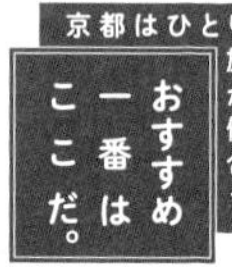

岩倉に戻り、いよいよ洛北のお寺を巡る。実相院では枯山水庭園と床緑（床もみじ）が楽しみである。

寺は鎌倉時代の創建だが、江戸時代初頭の後陽成天皇の時、この寺に入山していた室町幕府最後の将軍義昭ゆかりの女性が天皇の子を儲けたことから一気に皇室との関係が深まった。後水尾天皇や東福門院和子もしばしば訪れた。またその後、東山天皇の中宮承秋門院から自らの住まいである大宮御所の建物を賜り今日に伝わる。その遺構の一つ、山門の四脚門（写真）をくぐり車寄せそして客殿に入る。

堂内はそう広くなく、すぐにお目当ての床緑が見える。撮影できないのでその前の座布団にしばらく座りその情緒を堪能する。黒光りした光沢のある床に映る青葉の見事さに感動する。後ろに安置されている本尊不動明王を拝み、高縁から枯山水庭園を見る。いずれもできれば紅葉の季節に訪れたい。

洛北のお寺は多くが名園を保有している。難しい解説は抜きに心の安らぎを求めに行きたい。明日への活力をもらうには、ひとり旅が良い。

第78番

圓通寺

えんつうじ

比叡山を遠くに見る

元祖借景庭園「幡枝御所」

住所　京都市左京区岩倉幡枝町389
山号　大悲山
別称　幡枝御所
宗派　臨済宗妙心寺派
開基　文英尼公
本尊　聖観音

ひとり旅オススメ度 ★★★

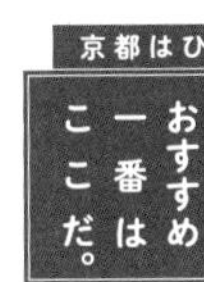

圓通寺も庭園が必見だ。実相院からは車で5分ほどで着く。近くには宝ヶ池など散策場所も多く昔から京都の富裕層の居住地域でもある。

瀟洒なたたずまいの地域に広大な敷地を誇る圓通寺だが、見どころは比叡山を借景にした方丈前庭園だ。借景庭園の王者と言っても過言ではない。本尊の聖観音像のある本堂から比叡山の方向に平面の庭園が視野に広がる。高縁の柱やまっすぐ伸びた杉の大木を通して見ると、あたかもそれぞれ額縁に収まった一幅の名画を見るようだ。この景色を見るために来たと言っても過言ではない。

ここは、後水尾上皇が営んだ「幡枝御所」の跡で、近くの修学院に離宮を完成させた後、門跡寺院として正式に禅寺とした。上皇からは大悲山圓通寺の勅願を賜り、その後子である霊元天皇の庇護が厚く大いに発展した。本尊の左右には江戸時代後半の天皇の位牌が並ぶ。

受付に座る住職としばし歓談する。やはり皇族とは関係が深く、上皇（平成天皇）・上皇后陛下の退位式典にも招かれたらしく、その時、陛下には「退位後は京都にお戻りいただくよう申し上げた」とのことだった。もとより筆者も賛成だ。空気の悪い千代田の地ではなく現在も「王城の地」である京都に「還幸」してもらいたいものだ。皇室関係の話題で大いに盛り上がった。

独り言「日本の首都は京都!?」

因みに京都では、東京遷都は正式には発表されていず、今でも天皇は一時東京に行幸しているに過ぎないと解釈している。1200年以上の平安京の歴史からすれば、明治以降120年など大したことではない。なにせ「先の大戦」とは、「応仁の乱」なのだから。

第79番

妙満寺

みょうまんじ

何度も移転を繰り返した

京の三名園雪月花の内、雪の庭を見に行く

住所 京都市左京区岩倉幡枝町91
山号 妙塔山
宗派 顕本法華宗
開山 日什
本尊 三宝尊
洛中法華21ケ寺

京都はひとり旅が似合う。
おすすめ一番はここだ。

妙満寺は洛北には数少ない法華宗寺院である。洛中法華21ケ寺の一つであり開山の僧日什が、室町時代に六条坊門室町に法華堂を建立したのが始まりだ。その後の変遷は、多くの法華宗寺院がそうである通りで、火災によりすぐ綾小路東洞院に、応仁の乱後は四条堀川に、そのあと有名な「天文法華の乱」で多くの法華宗

寺院と共に泉州堺に移る。その後、後奈良天皇の許しを得て四条堀川に復帰する。そして秀吉の命令で寺町に移り幕末の禁門の変まで何度も火災に遭うが復活し、現在の岩倉の地に移ったのは戦後の昭和43年になってからだ。現代の寺と言っても過言ではない。近年はつつじの花が数千本植えられ「花の寺」とも言われる。

見どころは、本坊内の復元された「雪の庭」である。もとは松永貞徳作庭のこの庭園は、京の「雪月花」の3名園の一つである。清水寺の「月の庭」と共に二つだけが現存している。いずれも成就院という名の塔頭にあった。因みに「花の庭」は北野成就院にあったが現在は廃寺となっている。妙満寺の雪の庭は清水寺と比べると小規模だが趣向を凝らした手の込んだ中庭で実際に雪が積もったら写真マニアが殺到する。

また、こちらは安珍清姫伝説の『道成寺の鐘』を保有している。紀州道成寺から秀吉家臣の仙石秀久が京都に持ち帰る時に、そのあまりの重さで途中投げ出したものを妙満寺が引き取った。実物を拝見できるが、歌舞伎で見るような巨大なものではなく鐘の中に安珍が隠れられるほどの大きさではない。

筆者は、12月の釈迦が悟りを得たことを祝う「成道会」の日に訪ねて「大根炊き」の接待を受けたことがある。お揚げと大根の質素なものだが寒空にはありがたかった。

第80番

来迎院

らいごういん

良忍上人の融通念仏発祥の地

住所　京都市左京区大原来迎院町537
山号　魚山
宗派　天台宗
開山　円仁
本尊　薬師如来

風雪に耐えて歴史の重みを感じる本堂

なだらかな参道を登る

妙満寺から宝ヶ池を経由し鯖街道と通称される若狭街道を車で30分ほど走る。途中、三宅八幡宮や八瀬天満宮なども訪ねたいが一気に大原を目指す。

来迎院の大きなカンバン前で車を止めて、東呂川沿いの坂道を15分ほど歩くと暑い夏でもひんやりとした空気に変わる。このあたり天台宗最澄の直弟子円仁（慈覚大師）が唐で修行した地である五台山（太原）に似た地形であることで、帰国後声明の修行場所とした。その後、平安中期に良忍（聖応大師）が伽藍を整備し三尊院として創建し、室町時代になって上院来迎院と下院勝林院の2か所を中心に修行僧の坊が発展した。この2寺を総称して魚山大原寺といわれ三千院がその統括をした。

寺の山門を入り入山料を払って右手奥の本堂を目指す。創建当時のままの境内は、コンクリートなどでの整備を行わず自然なままの苔むす地面だ。したがって、傷つけないよう慎重に歩を進める。本堂は室町末期の再建で彩色は完全にはがれているが歴史を感じることができて良い。阿弥陀如来を中心に釈迦如来、薬師如来を静かに拝み、しばらく数百年の時の経過を感じる。近くには、良忍が声明の修行を行った「音無の滝」や、その声明に陶酔し岩になったという獅子を表す「獅子飛び石」などがある。

帰り道、筆者には川のせせらぎが昔の多くの僧たちの「声明」の響きに聞こえてきた。

第81番

宝泉院

ほうせんいん

天然記念物「五葉の松」を見る

住所　京都市左京区大原勝林院町187
山号　魚山
宗派　天台宗
開基　宗快
本尊　阿弥陀如来

拝観受付

五葉の松の上層部

三千院など見どころの多いエリアだが大寺院を紹介するのは本意ではない。来迎院の後は、同じく声明の寺、勝林院と宝泉院を訪ねる。

まず、宝泉院の見どころは二つだ。「血天井」と「五葉の松」である。このシリーズで先に紹介したが、関ヶ原の戦いの前哨戦で京都伏見城を守った家康の家臣、鳥居元忠とともに自刃した武将たちの血痕の残る床の板を、市内数か所の寺院の天井に使っている。源光庵・興聖寺・正伝寺などが100寺に入っている。「五葉の松」の方は、金閣寺の「陸舟の松」、善峯寺の「遊龍の松」とともに天然記念物であり「京の三名松」という。こちら「五葉の松」は上層部が滋賀の「近江富士」の姿に似せている立派な枝ぶりで、方丈の庭園から眺める下層部の枝ぶりも見事なものだ。しかし近年の気候変動の被害で絶滅の危機に瀕(ひん)している。したがって残念ながら養生のために白い布が巻かれていた。それでも「額縁の庭園」と呼ばれる本堂から柱越しに眺める眺望は格別だ。盤桓園・鶴亀庭園・宝楽園の3庭園を保有する。

寺の創建は鎌倉時代で勝林院の僧坊の一つとして発展した。狭い本堂・方丈内だが、ひとりぼんやり庭を眺めるとしばし時間を忘れる。

やはり大原の里はひとり旅に限る。

京都はひとり旅が似合う。
おすすめ一番はここだ。

第82番 勝林院

しょうりんいん

有名な「大原問答」「大原談義」のお寺

重層な本堂

住所 左京区大原勝林院町187
山号 魚山
正式名（別称） 魚山大原寺勝林院（問答寺）
宗派 天台宗
開山 円仁
本尊 阿弥陀如来

「証拠の阿弥陀」本堂からは声明が聞こえてくる

大原談義	1020年	寂源が法華八講を開く	本尊から光が出て阿弥陀が意を示す	証拠の阿弥陀と呼ばれる
大原問答	1186年	法然が顕真に念仏の意味を説く	本尊が光を放ち念仏の本意を示す	本堂が「証拠堂」と言われる

『勝林院略記』(勝林院発行)を参考に筆者作成

宝泉院の隣の勝林院は、三千院の山門前に立つと左方向に受付の建屋と中庭を通じて立派な本堂が見える。シンプルな配置のお寺で、手入れの行き届いた庭から本堂内の本尊阿弥陀如来のお顔が見える。

ここは、有名な「大原問答」「大原談義」が行なわれた寺だ。

特に大原問答は法然に対して12の難問が顕真たちから出されたが、法然がすべて回答し念仏の正しさを説いたもので、民衆はみんなが極楽に導かれると大喜びしたという。そして3日3晩念仏を唱えた。今でも「声明の会」が毎年行われるが、本堂内に数十名の僧侶がお経を唱えると見事な協和音を響かせる。その昔は特に声の良い僧侶には民衆の人気が集まったらしい。

寺の創建は、平安時代初期の天台座主円仁の時で魚山大原寺といい、往生極楽院(三千院)・勝林院・来迎院の3寺の総称でありそれぞれが子院である。なお本尊の「証拠の阿弥陀」は平安時代中期の仏師康尚の作品だが、残念ながらお顔(頭部)は室町後期の補作である。

声明の旋律を表す「呂」「律」に因み、周辺の二本の川には呂川・律川と命名されている。「呂律が回らない」という「呂律」の語源となっている。

第83番

赤山禅院

せきざんぜんいん

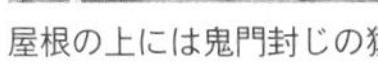

屋根の上には鬼門封じの猿

へちま加持のお寺

住所　京都市左京区修学院開根坊町18
宗派　天台宗
創建　安慧（あんね）
本尊　泰山府君

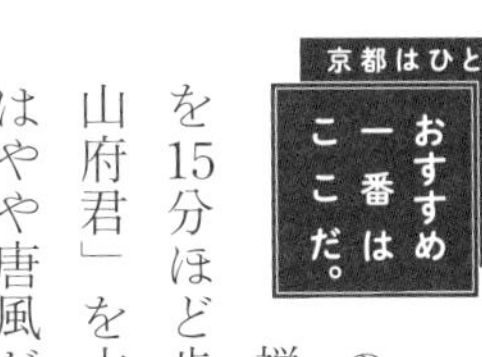

京都はひとり旅が似合う。おすすめ一番はここだ。

東山三十六峰第3番の「赤山」のふもと修学院離宮の近くに赤山禅院はある。白川通から修学院道を15分ほど歩く。中国道教の神様である「泰山府君」を本尊にしているので境内の雰囲気はやや唐風だ。僧円仁が中国から帰国後、泰山府君に因んだ禅院を発願したが果たせず、その後弟子がこの地に赤山大明神として勧請し創建した。寺のパンフレットには、①都の表鬼門を守護する方除けのお寺。②日本最古の都七福神のお寺。③比叡山千日回峰行のうち「赤山苦行（800日）」のお寺。④中秋の名月のへちま加持（喘息封じ）のお寺。⑤数珠供養のお寺。と書いている。

中でも鬼門封じとしての役割は重要で、御所の東北角の「猿が辻」の延長線上にある。そしてこのお寺の拝殿の屋根の上には猿が安置されている。丑寅の方向である鬼門封じのために、その裏方向（裏鬼門の未申）の猿を置くのである。また、都七福神では泰山府君が寿命をつかさどる神様であることからか、福禄寿を祀る。因みにその他は、東山区の恵美須神社が恵比寿様、左京区の松ヶ崎では大黒様、南区東寺では毘沙門天、六波羅蜜寺には弁財天、中京の革堂には寿老人、そして宇治萬福寺に布袋尊が祀られる。因みに申の日の5日にお参りすると金運に恵まれるとして「5日講」と称して今でも商売人がお詣りに来る。

五十払い（ごとばらい）の風習はこれに由来する。やはり商売繁盛は大事だ。

ひとり旅も良いが、こちらはコロナ対策のうえ商売上の仲間を連れて来ても良かろう（笑）。

第84番

曼殊院

まんしゅいん

「竈に媚びよ」本当に大切なものを教えてくれる

住所　京都市左京区一乗寺竹ノ内町42
別称　竹内門跡
宗派　天台宗
開基　是算
本尊　阿弥陀如来

拝観受付

「竈媚」の扁額

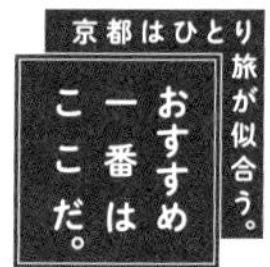

左京区一乗寺方面にもひとりで訪ねたい良いお寺が多い。曼殊院には何度も訪ねている。受付のある「勅使門」の壁には最高の寺格を表す5本の線が入っている。そして庫裏に直結する玄関先には、「竈媚」と書いた額を掲げている。これが大好きだ。「竈に媚びよ」と読む。上役や上司など権力者に媚びるくらいならば普段一番世話になっている飯を炊く「竈」に媚びなさい。つまり感謝すべき対象を間違うなということか。あるいはそもそも何者にも媚びることなく堂々としろとも考えられる。その扁額の下を堂内に入る。

ここは曼殊院道を比叡山方向に数㎞入るので人里離れて、周辺は静かな佇まいだ。長く門跡寺院の歴史を刻んできたので見どころやお宝が多い寺だ。

創建は、天台宗創始者最澄までさかのぼるが、弟子の是算上人を創設者としている。是算は菅原氏出身で北野天満宮の別当も兼ねていたという。中興は、室町時代の後土御門天皇の猶子で貞常親王の実子である慈運法親王である。その後代々皇族が門主を務めるようになった。現在地には江戸時代初期に良尚法親王が入山し寺を整えた。因みに良尚法親王は桂離宮を作った八条宮智仁親王の実子である。

庭園が素晴らしく「鶴島亀島の庭」は、小堀遠州作庭とされているが、没年と作庭年代が微妙であり信ぴょう性は薄い。しかし茶室「八窓軒」などには遠州好みのこだわりが随所に見られる。

堂内では国宝「黄不動」（絵画）の軸が拝める。おそらくレプリカだろうが憤怒の形相が目前に迫る。またおみくじの創始者である元三大師の等身大の木像がありその仏前にはシンプルなおみくじが置いてあった。また円山応挙作の幽霊の絵が廊下に突然現れる。幽霊に足のないのはこれに始まる（らしい）。その他書院内には宝物が多く見どころが多い。そして庭園をじっくりと眺めていれば時間を忘れる。

曼殊院はたっぷり時間をかけて出かけたい。因みに京都天台宗5箇室門跡寺院を整理しておく。

帰り道、何にも媚びない生き方を自分に問い直してみた。

三千院	梶井門跡	左京区大原	初代堀河天皇皇子最雲法親王
青蓮院	粟田御所	東山区粟田口	初代藤原師実の子行玄
妙法院		東山区妙法院前	初代後高倉院の皇子尊性法親王
曼殊院	竹内門跡	左京区一乗寺	初代慈運大僧正
毘沙門堂		山科区安朱稲荷山町	初代後西天皇皇子公弁法親王

第85番

狸谷山不動院

たぬきだにさんふどういん

極寒の初不動を訪ねる

住所　京都市左京区一乗寺松原町6
山号　狸谷山
別称　狸谷のお不動さん
宗派　真言宗
開基　桓武天皇
中興　木食正禅
本尊　不動明王

崖造りの本堂

狸の置物

初不動の様子

狸谷山不動院は、桓武天皇が都を開くに当たり鬼門のこの地に、不動明王を安置したことに始まる。その不動院の開祖は木食正禅で、木食とは苦行の一つである「十穀絶ち」を行った僧のことをいう。当然米や麦、粟、稗など十穀を食べないだけではなく、同時に比叡山を走って巡る難行・苦行を行う。食するのは木の根や実などだけで「木食」とはまさに断食に近い。

中には即身仏（ミイラ）になるために自分の体から脂肪分を完全に取り去る目的で行うものもあった。死後腐敗しにくくするためだ。そこまで行かなくても断食行を達成した修験僧を特に「木食上人」と呼ぶ。その一人木食正禅が、江戸時代に狸谷山不動院として創建した。左京区修学院の奥、瓜生山の山沿いにあり、詩仙堂の門前をかすめるように急な坂道を登り本堂までさらに20～30分かけて石段を行く。見上げるような本堂に向かい最後の階段を登る。

7月の火渡り祭は、巨大な護摩壇に火を付けて修験僧が数々の秘法を施し、最後にその上を火伏のまじないを行い素足で渡る。願うは無病息災だ。その後1000名を超える一般人が次々に火渡りを行う（今年は中止）。修行せずとも火傷はしないようだ。

御所の鬼門に当たるこの界隈には、霊験強力な寺院が多く鬼門封じを担当している。

確かに、山の奥には岩が迫り、ふもとから本堂にたどり着くのには観光気分では行けない。なお本殿は、懸崖造り。清水の舞台と同じ構造だ。昔は本当に「清水の舞台」から飛ぶ人がいたらしいが、こちらは飛び落ちると確実に死ぬ。今回うかがったのは、1月28日の初不動の日。がん封じに「笹酒」がふるまわれた。運転者には持ち帰りが用意されていた。帰宅後熱かんで飲むことにした。

タイガース優勝記念も

極寒の初不動

第86番

霊鑑寺

れいかんじ

格式の高さがうかがえる

手入れの行き届いた庭園のある尼門跡寺

住所　京都市左京区鹿ケ谷御所ノ段町12
山号　円成山
別称　鹿ケ谷比丘尼御所・谷御所
宗派　臨済宗南禅寺派
開基　後水尾天皇皇女　多利宮
本尊　如意輪観音

京都はひとり旅が似合う。おすすめ一番はここだ。

霊鑑寺は、京都観光スポットのメッカである「哲学の道」沿いにある。琵琶湖疏水をたどりながら永観堂から銀閣寺に至る1.5kmの散策道は季節ごとの草花や近隣の寺院を楽しめる。若王子神社・安楽寺・法然院など見どころが続く。霊鑑寺はその中では地味な存在だが、知る人ぞ知る名刹である。大文字山の麓の鹿ケ谷の斜面にひっそりと建つ門跡寺院だ。

江戸初期の天皇である後水尾天皇は多くの皇子・皇女を京都の寺院に門跡として送り込んだ。特にこちらは尼門跡寺院として明治維新まで続いていた。実は、筆者は先代の門跡様と何度もお会いしている。事情があって用件は言えないが、ご門跡自身は全く俗世間の事には関心がなく、それでいて気品と教養の漂う可愛らしいご老人であった。つるつるで真っ白な小さなお顔はまさに深窓の貴人であった。

寺の見どころは、庭園と御所人形である。狭いけれど手入れの行き届いた回遊式庭園は如意が岳に続く斜面を生かした見事なものである。般若寺型の燈籠やこの寺でしか見られない日光椿（じっこうつばき）は、ぜひ鑑賞したい。本堂や方丈内は非公開で、庭から覗いて見たが歴史的な文化財や御所人形などを多く所蔵していると聞いている。

以前親しくお伺いした若い頃、もしかしたらお願いすれば宝物を見せてもらえたかも知れないのに悔やまれる。仕事の事ばかり考えていた文化に興味のない俗人だった。ただ悲しいかな筆者は今でも立派な俗人だ（涙）。

上京区編

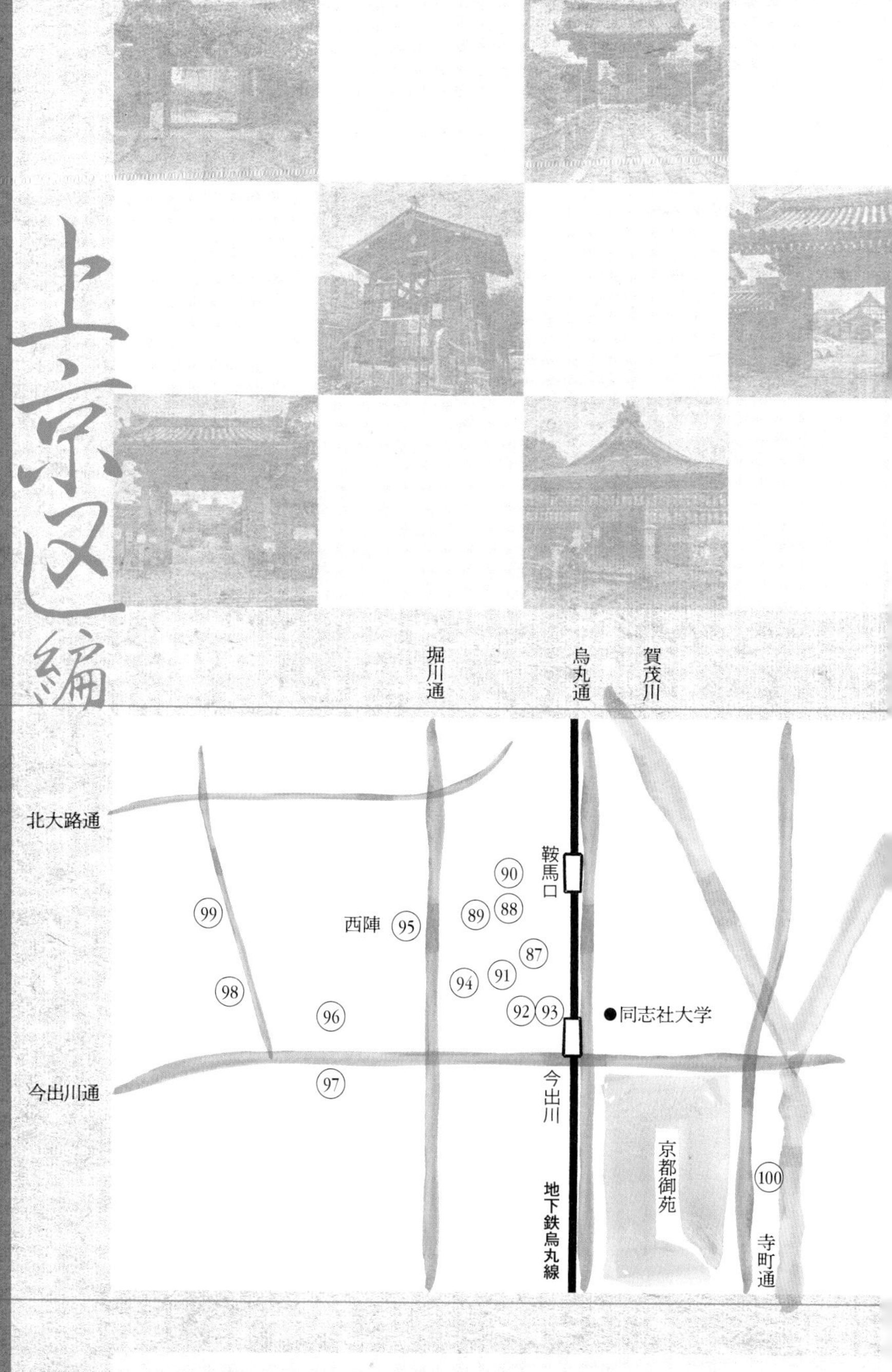

堀川通
烏丸通
賀茂川
北大路通
鞍馬口
90
89
88
99
西陣
95
87
94
91
98
96
92
93
●同志社大学
今出川通
97
今出川
京都御苑
100
地下鉄烏丸線
寺町通

第
87
番

宝鏡寺

ほうきょうじ

たくさんの貴重な御所人形が見られる

住所　京都市上京区寺之内通堀川東入ル百々町547
別称　人形寺　百々御所
宗派　臨済宗
開基　華林宮惠厳
本尊　聖観音像

寺之内通に面する山門

武者小路実篤の歌碑

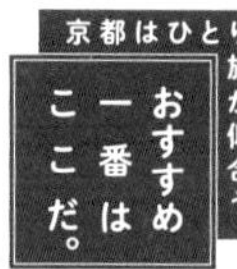

上京区の宝鏡寺は「百々御所(どどのごしょ)」という。近くの小川通には昔、小川という名の川が流れていてこの辺りには、「百々橋」という石橋が架かっていた。その百々橋は応仁の乱の時に戦場となったことが、近くの碑に書かれてある。百々って何？ 当時の武将の名前に百々氏という名が見つけられるが、百々の意味は分からない。そこに足利氏と皇室ゆかりの「小川御所」というのがあった。それがここ宝鏡寺辺りなので、以降「百々御所」と通称される。格式の高い門跡寺院を特に何々御所と尊称する。

このシリーズではいくつか紹介するが、いずれも規模は小さいが由緒深い寺院である。宝鏡寺は、その由緒正しさに加え「人形の寺」としても有名だ。春と秋の季節の良い時には、特別拝観で多くの御所人形はじめ歴史的に貴重な人形たちを見せてくれる。後水尾上皇の多くの皇女のおひとりが入寺して以来のお宝だそうだ。後水尾は多くのお子さんを産ませたことで、結果的に京都市内のたくさんの寺院に皇女を送り込み貴重な皇室文化財の継承に貢献した。

山門を入るとすぐ武者小路実篤の歌碑がある。その歌碑には、

「人形よ　誰がつくりしか　誰に愛されしか　知らねども　愛された事実こそ　汝が成仏の誠なれ」と刻まれている。拝観のスケジュールを必ず確認して訪ねることだ。

第88番

妙顕寺

みょうけんじ

正式名は四海唱導妙顕寺

住所 京都市上京区寺之内通新町西入ル妙顕寺前町514
山号 具足山
正式名 四海唱導妙顕寺
宗派 日蓮宗大本山
開基 日像　後醍醐天皇
本尊 十界曼荼羅
洛中法華21ケ寺

唯一　勅願寺のお寺

豆知識　日蓮宗と法華宗の違い

奈良仏教との決別のため平安の都に遷都した桓武天皇は、空海の真言宗と最澄の天台宗を保護した。その後の新興宗派はほぼ天台宗の延暦寺で修行した高僧から起こった。

中でも日蓮の日蓮宗（法華宗）は、比叡山の山門との闘争と自らの内部抗争の歴史であった。しかし遂には、室町後期頃、一向一揆との抗争に勝利し洛中のほとんどすべてが法華宗という（皆法華）

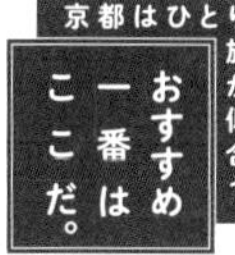

上京区は寺之内通を中心に寺院が集中する。これも秀吉の寺町政策なのだが、特に日蓮宗寺院が多い。まず、堀川通と新町通の間の寺之内通に妙顕寺はある。山門は巨大なものではないが、境内は驚くほど広い。日蓮宗の寺院はなぜこうも広いのか。日蓮直系の弟子日像の創建で、後醍醐天皇から寺領を賜った。「四海唱導妙顕寺」とよばれ、日蓮宗の根本寺院となった。所在地は、大宮通上長者⇩綾小路大宮⇩四条櫛笥⇩若狭小浜⇩堀川御池⇩二条西洞院⇩泉州堺⇩二条西洞院⇩現在地と、日

時代を迎える。しかし、天文5年に比叡山の衆徒が法華寺院21カ寺を大挙襲撃し破却する（天文の法乱）。この結果、すべての法華寺院は泉州堺に疎開する。その後、後奈良天皇の勅許を得るまで洛中では禁教となる。

以上の経緯は本編でも触れたが、本題である法華宗と日蓮宗との違いを簡単に説明する。現在の法華宗は、総本山を本成寺（三条市）とし、日蓮宗は久遠寺（身延町）を総本山としている。そもそも法華宗は宗祖日蓮聖人の高弟6名がそれぞれ門流を形成し布教した。さらにその6名のうちの日朗の弟子9名がさらに枝分かれし紆余曲折の後、遂に本禅寺において独立流派を立ち上げた。その流れを現在の法華宗と言う。ところが、維新後明治政府が宗祖を同じくするなら同じ宗派とするように命じたため、全部の門流を日蓮宗とした。したがって、全部を日蓮宗

蓮宗の苦難の歴史に重なる。

　訪ねた時は、内部は公開していなかったので広大な敷地をぶらぶらして帰ったが、拝観時には本堂奥の、尾形光琳の「曲水の庭」や孟宗竹の「坪庭」が見学できる。

　上京のお寺はすべて徒歩で巡ることができるので、周辺の町並みの風情も楽しみながら行く。


と言っても間違いではないが、現在でも京都市内では16の本山寺がありそれぞれが日蓮宗・法華宗と称して日蓮の教えの違いを主張している。

　諸説あるようなのでこのくらいにするが、浄土宗と浄土真宗の関係も似ていて、法然上人の教えをもとにしている。阿弥陀如来に浄土へと導いていただくために「南無阿弥陀仏」と唱えるだけでよいとした。それをさらに阿弥陀の本願とした親鸞が新たな一派を立ち上げたものが浄土真宗である。日蓮宗も浄土宗も庶民が必ず救われると説いたため、一時期、死を恐れない一揆集団となった。その結果、旧来の仏教界や時の権力者に弾圧される。宗派内抗争や他宗や政治に翻弄され負の歴史を背負うこととなる。

　京都で戦うのは、武士や公家だけではなかったのだ。もちろん現在、仏教界に表立った争いはない。

第89番

本法寺

ほんぽうじ

鍋かむり日親が創建

多宝塔

巴の庭

住所　京都市上京区小川通寺之内上ル本法寺前町617
山号　叡昌山
宗派　日蓮宗本山
開基　日親
本尊　十界大曼荼羅
洛中法華21ケ寺

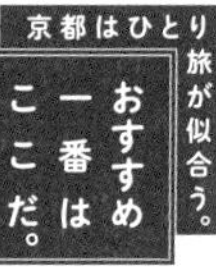

宝鏡寺前の寺之内通を東に一筋歩き、小川通を北に曲がると、通りの雰囲気は令和の時代から江戸時代に一気にさかのぼる。右手に裏千家の茶室「今日庵」の玄関があり常に打ち水が打たれたような清潔感が漂う。心なしか会話の声も小さくなる。その向かい側に本法寺の山門がある。

洛中法華本山21ヶ寺の中でも最有力寺院である。開基の日親は、「鍋かむり日親」と呼ばれた。室町将軍足利義教に、「立正治国論」をもって直訴した。要は、法華宗を採用しないから世の乱れが治まらないのだと主張したのだ。当時の宗派間の論争は今より一層過激であったようで、その後「天文法華の乱」において洛中から日蓮宗は一時消えることになる。日親は焼けた鉄鍋を頭にかぶる酷刑を受けたこともあると伝わる。それでも主張を曲げず「鍋かむり日親」と言われた。寺の見どころは、本阿弥光悦の庭園と長谷川等伯の絵画である。

山門は東に向いて立つが、本堂は南面している。その前を通り庫裏に受付がありそこから方丈内を順路に従い見学する。まず、京都三大涅槃図の一つ長谷川等伯の「佛涅槃図」を見る。当日は実物を拝見できるというので来てみたのだが、幅6m、高さ10mの大作だった。2階部分が吹き抜けになっていて2階から全体を眺める。長男の久蔵が狩野派に所属し修行していたものの原因不明の急死をする。その悲しみの中、一心に描いたのがこの作品だ。涅槃図に必ずある釈迦の母、摩耶夫人（まやぶにん）が描かれていないのが切ない。大作にもかかわらず微妙な遠近法など細かい技法が駆使されている。

また、「巴の庭」とよぶ本阿弥光悦作の庭園は、日親に深く帰依した光悦の父親の縁から光悦が造った。庭の解説がパンフレットに書いてあるが、年数を経て巴の構図は分かりにくくなっている。ただ、手入れの行き届いた優美さを眺めるだけで心が洗われる。方丈正面には「十の庭（つなし）」があり白砂に九つの石が配置されている。十ではなく九の石だが、あと一つは心の中の「意思」だという。まことに奥深い。

日蓮宗の苦難の歴史と等伯や光悦の芸術性を感じる寺である。帰る時、本堂横の多宝塔を見上げると、鍋かむり日親の偉大さを改めて感じる。宗教が民衆に真剣に向き合っていた時代だ。

第90番

妙覚寺

みょうかくじ

春には枝垂れ桜が美しい

日蓮宗寺院の厳しい変遷が分かる

住所　京都市上京区上御霊前通小川通東入ル下清蔵口町135
山号　具足山
宗派　日蓮宗
開基　日実
本尊　十界曼荼羅
洛中法華21ケ寺

京都はひとり旅が似合う。おすすめ一番はここだ。

前にも書いたが秀吉が寺院を集中させたのは寺町通だけではない。寺之内通にも多くの寺院を集めた。一説には聚楽第の防衛策とも言われる。今出川通の北、紫竹通のすぐ南の東西の通りだが、東は烏丸通から西は御前通までの数kmで、主に西陣辺りを中心にして、特に日蓮宗の寺院が多い。妙覚寺は寺之内から一本北の上御霊前通にあり小川通との交差点にある。本法寺からは歩いて数分である。

妙覚寺は日蓮宗の日実が鎌倉初期に四条大宮あたりに創建し、後に足利将軍の命により二条衣棚に移転し、さらに日蓮宗の法難である「天文法華の乱」で、洛中を追放され堺にのがれた。約10年後、当時の後奈良天皇の勅許により二条衣棚の旧知に復帰した。そして秀吉の寺之内への移転命令で現在地に移る。くり返すが以上のような経緯は近辺の日蓮宗寺院に共通する例である。上御霊前通に面した山門前の枝垂れ桜が見事な枝ぶりだ。広大な境内は月極駐車場になっていてやや興ざめだが、日蓮宗寺院の特徴である重厚な本堂が正面に配置されている。因みに、山号の具足山は立本寺と妙顕寺と合わせて「龍華（りゅうげ）の三具足（みつぐそく）」という。

なお、本能寺の変の時に、妙覚寺が登場する。信長が光秀の謀反により本能寺で応戦の後、自害する。そして長男信忠は、宿泊先の妙覚寺でその報告を受け本能寺に向かうが、光秀軍に殺される。しかし、本能寺も妙覚寺も現在地ではない。本能寺は、蛸薬師通堀川から四条通の間の現在の堀川高校辺りにあった。一方妙覚寺は当時は二条衣棚だったから、確かに近い。光秀軍はほぼ同時に攻撃したと思われる。

自刃直前の信長の謡曲「敦盛」の舞とか、信忠の「父の危機！　馬引け」というくだりは後世の脚色としか思えない。

第91番

光照院

こうしょういん

横には仙洞御所跡と

美人尼僧がよく似合う

住所　京都市上京区新町通上立売上ル安楽小路町
山号　仏日山
別称　常盤御所
宗派　浄土宗
開基　本覚尼（進子内親王）
本尊　釈迦如来

京都はひとり旅が似合う。
おすすめ一番はここだ。

地下鉄烏丸線今出川駅から歩いて10分ほど、新町通の上立売を北に歩けばすぐに着く。鎌倉時代から室町時代に創建された尼門跡寺院は、いずれも目立たず、ヒッソリと歴史を刻んでいる。いずれも持明院統（北朝）や足利家との関係深い寺が多いためかと思う。光照院も室町時代、後伏見天皇の皇女進子内親王が泉涌寺にて落飾し創建したものである。現在のこの地は持明院統の天皇の譲位後の御所（仙洞御所）であった。いわば南北朝時代に至る政争の中心地だったのだ。今はそんな緊張感は感じられず、特別拝観以外は門を閉ざし人の出入りも拒否しているように見える。拝観時でも見学できるのは本堂と横の会館だけだ。本尊の釈迦如来立像は典型的な清凉寺式の様式である。薄衣でおおわれたお体の生々しさが良い。また隣には、開祖である宮様の木像が安置されているが残念ながら暗くてよく見えなかった。因みに、「常盤御所」という称号は江戸末期になって光格天皇が与えたという。

ちょうど絵にかいたような美人尼僧が見学に来ていた。青々と剃り上げた頭と、ツヤツヤの肌には化粧気はないが、並々ならぬ気品と教養がうかがえた。

「お近くの方ですか」と、問いかけたが、俗世間とは関わりを持たないようで、笑顔だけ向けてくれた。見たことのない美しさにぞっとした。10月には、「開山忌」として未生流の「秋の献花展」が行われる。

このようなお美しい方々が生けられるのだろうか。しばらく動悸が治まらなかった。

第92番

三時知恩寺

さんじちおんじ

同志社大学新町校舎の向かいにある

日に六回の勤行のうち三回はここで行った

住所 京都市上京区新町通今出川上ル上立売町4
別称 入江御所
宗派 浄土宗
開基 見子内親王
本尊 阿弥陀如来 善導大師像

京都はひとり旅が似合う。おすすめ一番はここだ。

光照院から三時知恩寺には徒歩数分で着く。同志社大学の新町校舎が向かい合わせにある。

三時知恩寺の「三時」とは、宮中で一日6回行う「6時勤行」のうち3回はここで行ったことに因む。こちらも普段は拝観を許していないので、新町通のその前を歩いてもなかなか気がつかない。よくある檀家寺の佇まいだ。膝を折ってくぐるように小さな門を入り仮設テントの受付で拝観料を払い堂内へ。見どころは木造善導大師像と襖絵だ。

開山は足利義満の娘性善尼であるが、後光厳天皇の皇女見子内親王が先代崇光天皇の御所である入江殿を寺に改めたことに始まる。そのため「入江御所」ともいう。狭い堂内から「蓬莱の庭」を眺めた後、仏像群の中心にある「善導大師像」に関しての説明を聞く。泉涌寺の俊芿が宋から招来したもので色鮮やかな大きな木像だが、何と、驚くのは修復し表面のススを洗浄した結果ではなく、もともと制作時に着色後すぐに表面に漆を重ねて塗ったものであったという。つまり最初は漆塗りして黒光していたのだ。その漆を丁寧にはがしたら下から鮮やかな色彩が現れたのだという。あたかも現代になって着色したように見えている。なぜ着色して作ったものをわざわざ漆塗りにしたのか疑問のままだ。もしかしたら後世の廃仏運動を懸念していたのだろうか。また本堂側面には、京狩野派の永納作の「四季花鳥図屏風」が展示されていた。ただ門跡寺院に多くある「御所人形」は残念ながら見ることはできなかった。

一般家庭並みの狭い本堂内に団体客が押し寄せ密閉・密接となりコロナ以前だったが早々に退散した。本当はひとりでゆっくり見たかった。

第93番

大聖寺

だいしょうじ

「御寺御所」と言われる最も格式の高い門跡寺院

住所　京都市上京区烏丸今出川上ル御所八幡町109
山号　岳松山
別称　御寺御所
宗派　臨済宗単立
開基　足利義満・日野宣子
本尊　釈迦如来

表門

境内には「花の御所」の石碑

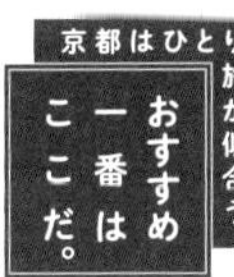

同志社大学学生会館の南隣りに「大聖寺」はある。同大の学生が今出川校舎から新町校舎に行き来する時に必ず通るルート上にある。その大聖寺は、普段は公開をしていない。小さな門をくぐり狭い境内を数歩歩き、歴史的方丈を眺めると数分で終了する。ただし、「花の御所」という大きな自然石の碑は見逃してはならない。室町御所はここにあったのである。開基は日野宣子と足利義満となっているが、宣子は北朝初代の光厳天皇の妃であった人で、義満の義理の叔母でもある。春屋妙葩を導師として尼となり無相定円と名乗った。別称「御寺御所」といい高い格式を表す。

学生の人波を追いかけて再び西陣方向を目指す。我が学び舎であったこの大学も筆者の寄付金により立派な新校舎を完成させていた。因みに寄付金は一口千円、思い切って二口した（笑）。特に大学からのあいさつはなかった（怒）。さてまだまだ学生たちには追い抜かれまい（汗）。息が上がりながらも次を目指す（悲）。

第94番

報恩寺

ほうおんじ

織子と丁稚の悲話「つかずの鐘」のある寺

住所　京都市上京区小川通寺之内下ル射場町579
山号　堯天山
別称　鳴虎
宗派　浄土宗
開基　慶誉明泉

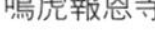
鳴虎報恩寺

つかずの鐘

報恩寺は、寺之内通の堀川通から二筋東にある。東に向かって山門があり、その前に橋の欄干が見える。今は地名にしか残っていない小川に架かる橋の名残と思われる。

因みに、山門と三門の違いだが、寺の門は全て山門である。寺のことを「山(やま)」という。その中で禅宗でいうところの「三解脱」即ち3つの悟りを表す門を三門とした。しかし今やその他の宗派でも「三解脱門」を採用しているところが多い。知恩院がそうだ。また、仁王門は、二王門でも良い。知恩院と知恩寺は違うお寺だが、「院」も「寺」も「庵」も、寺のことだ。話を報恩寺に戻そう。

ものがたり「つかずの鐘」

この話には、「八半」という題名がついている。西陣の中心にあるこの寺は、八時半(はっときはん)になると朝夕の織子の交代を示す「鐘」を鳴らした。ある時、ある店の丁稚と織子がその鐘が何回打たれるかを賭けた。負けた方が何でも言う事を聞くということにした。丁稚は八回、織子は九回に賭けたが、結果は八回であった。責められた織子はこの鐘楼の柱に首を括って自死した。しかし実際は、九回であり丁稚が寺に八回にするように頼んだのだ。爾来この寺の鐘は「つかずの鐘」となった。因みに京都にはこのような逸話は多く、「つかずの鐘」はいくつかの寺に残る。

境内は出入り自由で、そう広くはない。方丈内は入れないが、正面右に仁王様が怖い顔で控えている。つかずの鐘の「鐘楼」は、ウッカリすると見逃す。高さ5ｍほどの小さいものだ。今は除夜の鐘として打つのみだが、前頁のような物語が残っているとは思えない寂しいものであった。

なお、別称の「鳴虎」は、秀吉がこの寺に所蔵する後柏原天皇下賜の「水のみの虎図」を聚楽第に持ち帰ったところ、寺に帰りたいと夜に虎が鳴いて眠れなかったという話が伝わりこのように言われるようになった。なお、その「水のみの虎図」は寅年の正月に公開される。つまり十二年に一回のことである。

帰り道、つかずの鐘から鐘の音が聞こえた気がして振り返る。空耳だった。思わず死んだ織子の無念を感じた。

第95番

妙蓮寺

みょうれんじ

自由に出入りし自由に散策する

住所　京都市上京区寺之内通大宮東入ル妙蓮寺前町875
山号　卯木山
宗派　本門法華宗
開基　柳屋仲興
本尊　十界曼荼羅
洛中法華21ケ寺

西陣地域の中にある

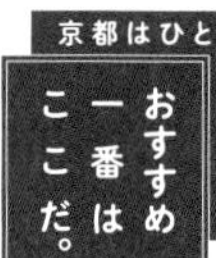

上京の西陣地区の法華宗寺院をもうひとつ。その前にちょっと脱線する。筆者の会社員のデビューはこの辺りで「飛び込み営業」することでスタートした。飛び込みとはよく言った言葉で、知らない家にアポイントもなしに訪問するのだから、まさに大海に死ぬ気で飛び込むような決心がいる。西陣地区は今でも織機の動く音が界隈に聞こえる地域だ。ガチャガチャと大きな音のする織屋さんの家では、チャイムを鳴らしても聞こえず一日中大声で「ごめんくださーい」と毎日100件以上訪ね歩いた。当然、やる気は2日も持たない。一日サボって映画館に行ったこともある。そして気候の良い日は、大寺院の境内や縁側で寝そべっていた。この辺りの寺院の本堂は出入り自由で、日当たりのいい高縁を昼寝の場所としていた。何宗かもどんな歴史を持った寺院かも知らず、今思えば罰当たりなことだった。

妙蓮寺はそのような昼寝場所の一つだった。山門は寺之内通の堀川を西に入るとすぐに見える。「卯木山」と山号が書いてある。開基でその後も資金援助をしてきた柳屋の屋号の「柳」を二文字に分解して「卯木山」とした。珍しい山号だ。

そして近辺のすべてのお寺にお詫びと感謝を申し上げる（拝）。

第96番

雨宝院

うほういん

染殿井は西陣五名水の一つ

住所　京都市上京区智恵光院通上立売通上ル聖天町9－3番地
山号　北向山
別称　西陣聖天
宗派　真言宗泉涌寺派
開基　空海
本尊　大聖歓喜天

狭い境内にたくさんのお堂がある

西陣の名水　染殿井

京都はひとり旅が似合う。
おすすめ一番はここだ。

西陣の中心地にも由緒深い寺がある。雨宝院は東寺（教王護国寺）と並び嵯峨天皇が皇城鎮護の寺としたものだ。本尊の歓喜天は空海が、嵯峨天皇の懊悩平癒のために天皇の等身大に「一刀三礼」をもって自ら彫ったものである。一刀三礼とは一度彫る度ごとにお経を三度唱えるという凄まじい手間をかける手法である。因みに、写経なら「一字三礼」、仏画なら「一筆三礼」という。

上京区の智恵光院通にある本隆寺の北壁沿いに曲がると小さなお堂があり、四方10mほどのここが皇城鎮護の大寺院であったとは思えない。狭い境内に二台の車が停車していて誠に興ざめであった。有名な歓喜桜は葉桜の季節だったが、満開時には見事な八重桜だという。重要文化財の千手観音像も有名だ。また大師堂の弘法大師像は東寺と対をなす。即ち「阿」「吽」の阿がこちらで吽が東寺になっていて、こちらはお口が半開きとなっている。なお、本尊の歓喜天は秘仏となっている。また、染殿井は西陣5名水の一つで今でも清水が湧き出る。

拝観自由だが、とにかく狭い中にお堂がいくつか建っていて、井戸も桜も一気に見学できる。ひとりで行くほうが動きやすい。

第97番

浄福寺

じょうふくじ

班子女王が今でもお寺を物心両面で支えている

住所　京都市上京区浄福寺通一条上ル笹屋町2－601
山号　恵照山
別称　村雲寺
宗派　浄土宗
創建　班子女王
本尊　阿弥陀如来

赤門

本堂

浄福寺は西陣地区の西のはずれ千本通に近い地域にある。創建は奈良時代末期と伝わるが、平安初期、光孝天皇の后の班子女王の御願寺として今に伝わる。陽成天皇から数代遡り傍流から皇位を継承したため、およそ天皇・皇后の可能性のなかったお二人には多くの逸話が残る。即位以前は自ら薪を燃やし米を炊いたり、市井に出て買い出しもしたらしい。班子女王は神として福王子神社の主祭神となっているが、お寺についてはこちらが御願寺である。

この班子女王という女性は、実は「天神」菅原道真と共に怨霊の可能性が高い。宇多天皇の生母であるが、藤原基経の「阿衡の紛議」で失脚した橘広相を信頼していた。その娘と宇多天皇の間には斎世王という皇位継承者がいた。その妃は道真の娘である。分かりやすく言うと、班子—宇多—道真—斎世というラインと、醍醐（宇多の子）—基経（阿衡の紛議の勝者）—時平（道真の政敵）ラインとの対立軸である。結果は言うまでもなく道真の左遷で決着し本邦屈指の怨霊となった。さらに、班子女王も主祭神として神社に祀られて、御願寺も作ったのだ。筆者は怨念をもって死んだ貴人は祟りを成すという日本の怨霊伝説がここでも成立したと考える。古代の日本では死者である仇をおろそかにはできないのである。

浄福寺にはまず、赤門から入る。東京では赤門とは東京大学が有名だが、京都には常照寺の「吉野門」とこちらを覚えておきたい。「東門」のことだが、天明の大火の時この門のところで火災の勢いが止まったという。鞍馬の天狗が出てきて大きな団扇で風を起こし火を止めたのだ。鞍馬の天狗は昔、洛中に様々な悪さを仕掛けるが、このように良いこともしている。

また、日本初の違法建築物である本堂も見ておきたい。幕府の規制である柱の数や幅の制限を逃れるため、2棟の建物を巧妙につなげている。規制した幕府も知って知らぬふりをしたのだろう。広い境内では駐車場や幼稚園を経営していて現代の寺院経営の実態を垣間見る。

このように見てみると、いずれの話も班子女王が今でもお寺を物心両面で支えているのではないかと思う。機会があれば福王子神社も合わせて訪ねておきたい。

京は怨霊に守られていることもあるのだ。

第98番

大報恩寺

だいほうおんじ

市内最古の木造建築物

住所　京都市上京区七本松通今出川上ル溝前町
山号　瑞応山
別称　千本釈迦堂
宗派　真言宗智山派
開基　義空
本尊　釈迦如来

大根炊き

梵字入りの大根

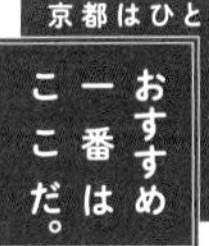

千本通は平安京の創建当時の中心で最大の大通り朱雀大路であったと推定される。しかし現在はその面影はなく片側2車線ではあるが主要道路の面影はない。それでも重要寺院は多い。まず「千本釈迦堂」と通称される大報恩寺は今出川千本の西北にある。細い参道を入るとまず目に入るのが「お亀桜」であり、そして注目は本堂だ。鎌倉中期の建造物で応仁の乱などの戦火を奇跡的にくぐり抜けた洛中最古の建造物で「国宝」となっている。中世建築物の遺構であり正面は「蔀戸（しとみど）」が配されている。本尊の釈迦如来坐像は重要文化財で、厨子内部に安置されていて秘仏である。その他見どころは多いが、12月7日～8日の「成道会」では「大根炊き」（写真）が振舞われるのでぜひ出かけたい。

ものがたり「お亀伝説」

当寺に伝わるお亀伝説とは。その昔本堂建築時、大工の棟梁高次は寸法を誤り柱の一本を切り過ぎてしまった。悩む夫に妻のお亀は「斗組」を使うことをアドバイスした。見事完成を見たその日、お亀は自害する。妻の助言を得たとの評判が立つのを恐れたというお話だ。お亀桜は小さな枝垂れ桜で境内の中央にあり、供養塔と大きな笑顔のお亀像もある。本堂内のいたるところにも奉納されたお亀人形があり面白い。現在はお亀さんは不美人の象徴だが、当時は切れ長の目に下ぶくれのふくよかな女性は美女とされていた。

第99番

引接寺

いんじょうじ

千本通に面する

京都で一番怖い閻魔像

住所 京都市上京区千本通廬山寺上ル閻魔前町34

山号 光明山

正式名（別称） 光明山歓喜院引接寺（千本ゑんま堂）

宗派 高野山真言宗

開基 定覚

本尊 閻魔大王像

迎え鐘

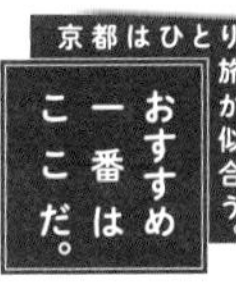

大報恩寺から千本通に戻り北へ300mほど、アーケード付きの商店街を歩くと左側（西側）に見えてくる。商店街は誠に昭和の匂いのプンプンする庶民的なものだ。そのアーケードが途切れると、地元では千本ゑんま堂と呼ばれる引接寺がある。向かいの石像寺（釘抜地蔵）と共に街並みに完全に同化している感じがする。残念ながら引接寺には立派な三門も仰々しい伽藍もない。入り口からお堂までのスペースは駐車場となっていて雑然と車が置かれ、歴史ある寺院だろうかと思う。しかし、お堂に入り正面奥の閻魔大王と視線が合うと、たちまち身が引き締まる。

仏師定勢作と伝わる閻魔大王像は、眼には琥珀がはめられていて、実際睨まれているようで迫力がある。化野や鳥辺野と合わせて京都三大葬送地である蓮台野の入り口に当たり、死者はここで閻魔様に裁きを受けることになる。開基は、仏師定朝という説や定覚上人、また閻魔庁と朝廷の二つに仕えたという小野篁とも言われ、さらに古く聖徳太子との説もある。有名な「ゑんま堂大念佛狂言」は紆余曲折を経て昭和50年に復活し、毎年5月1日から5日まで境内横の舞台で披露される。その手作り感も良い。また、盂蘭盆会にはお精霊さん（先祖の霊）の「迎え鐘」（写真）が突かれる。

死者となった先祖の存在が身近な場所なのだ。

第100番

盧山寺

ろざんじ

紫式部が源氏物語を書いた寺

住所 京都市上京区寺町通広小路上ル北之辺町397
山号 日本盧山
正式名 盧山天台講寺
宗派 天台宗単立
創建 良源
本尊 阿弥陀三尊像

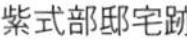
紫式部邸宅跡

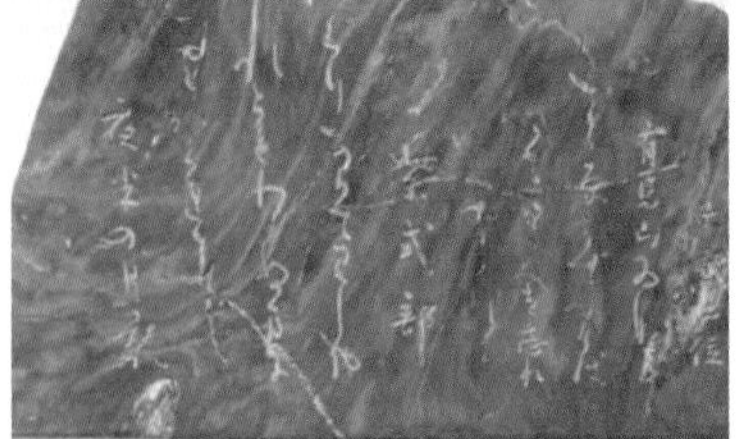

歌碑

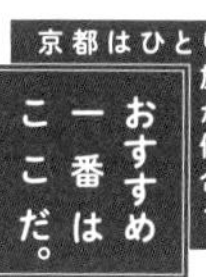

現在の京都御所の東側の寺町通には、同志社会館（新島襄邸跡）や梨木神社、清浄華院、清荒神など重要スポットが多い。廬山寺の「廬」は、臚、蘆、盧、櫨いずれか迷うところだ。芦でも良いのだと思うが、寺名は固有名詞と考えるとここは、廬山寺と書く。旅の最後はこの寺を選んだ。

さて、廬山寺は紫式部の邸宅跡とされ源氏物語執筆の場でもある。また境内奥の墓地には秀吉の京都改造政策の一つ、御土居跡を見ることができる。寺の創建は平安初期で比叡山中興の祖である良源（元三大師）が作った与願金剛院と、鎌倉時代に法然の弟子が宋の廬山に因み作った廬山天台講寺が合併したものである。したがって、天台宗と密教、律宗、浄土教が合わさり四宗兼学の道場として発展した。節分には境内で行われる追儺式鬼法楽（ついなしきおにほうらく）（通称鬼おどり）に多くの人が見物に訪れる。京都では、季節を分ける節分には魔物を追い払う様々な行事が行われる。祇園花街では「おばけ」と称して芸子・舞妓たちが様々に扮装して練り歩き魔物を払う。

写真の紫式部の歌碑は本堂前にあっていつでも見ることができる。そして、もう一度御土居跡を見て、この旅を終えることとした。

著者略歴

秋吉　茂（あきよし　しげる）

昭和29年　大阪生まれ　現在　奈良在住
昭和53年　同志社大学卒業
　　　　　その後証券会社勤務へ
平成27年　退職　現在　上場企業監査役
令和元年度　京都産業大学特別客員研究員
第15回　京都観光文化検定1級合格
ブログ「アチャコの京都日誌」発信中
趣味　ゴルフ、テニス、観劇、書道、
　　　ビートルズ、落語、将棋観戦他
著書『令和に読む「平安京の天皇たち」』
　　２０１９年　清風堂書店

令和に巡る　京都新一〇〇寺巡礼

２０２０年11月1日　初版　第1刷発行
２０２２年3月1日　　第3刷発行

著　者　秋　吉　　茂
発行者　面　屋　尚　志
発行所　清　風　堂　書　店
530-0057　大阪市北区曽根崎２―11―16
TEL　06（6313）1390
FAX　06（6314）1600
振替　00920―6―119910

編集担当　長谷川桃子

ブックデザイン／鷺草デザイン事務所
印刷・製本／モリモト印刷㈱

落丁・乱丁はお取替え致します。

ISBN978-4-86709-007-7　C0095